R

ARDINAL

[SANDWICHS]

GRILLED CHEES

+

HUMMUS, DATTES

soupesoup

Caroline Dumas

soupesoup

-

65 soupes
40 salades
40 sandwichs
et des desserts...

photos de
Dominique Lafond

Flammarion
Québec

Catalogage avant publication de Bibliothèque et
Archives nationales du Québec et Bibliothèque et Archives Canada

Dumas, Caroline

   Soupesoup : 65 soupes, 40 salades, 40 sandwichs et des desserts --

   Comprend un index.

  ISBN 978-2-89077-394-3

   1. Soupes.   2. Salades.   3. Sandwichs.   4. Desserts.

I. Lafond, Dominique.   II. Titre.

TX757.D85 2010   641.8'13   C2010-941563-9

Design : Annie Lachapelle, en collaboration avec Pierre-Antoine Robitaille / Atelier Chinotto
www.chinotto.ca

© 2010, Flammarion Québec
Tous droits réservés
ISBN 978-2-89077-394-3
Dépôt légal BAnQ : 3ᵉ trimestre 2010

Cet ouvrage, composé en *Akkurat* (Lineto) et *Archer* (Hoefler & Frere-Jones),
a été imprimé par Friesens au Manitoba, Canada.

www.soupesoup.com
www.dominiquelafond.com
www.flammarion.qc.ca

Pour Alexia et Clara

–

J'ai grandi dans la campagne beauceronne. Un endroit convivial où l'on fait les choses sans prétention. Un village avec des familles nombreuses où l'on prenait le temps de vivre et de partager. Une belle enfance, baignée de joie et de sirop d'érable! À l'âge de sept ans, je lisais le livre de cuisine des Fermières de Saint-Côme. C'était comme un roman pour moi. Je me souviens de sa couverture bleue. Je restais curieuse de savoir ce que les auteures, les femmes du village, y racontaient, ce qu'elles pouvaient bien cuisiner pour leur famille. Très tôt, je me suis donc mise moi aussi à imaginer des recettes : mon livre de cuisine! Eh bien, enfin, le voilà, conçu dans le même esprit de partage et de créativité.

Ma cuisine est spontanée, parce qu'il faut faire vite et que j'aime me surprendre. J'ai acquis cette urgence de cuisiner en travaillant comme cantinière sur des plateaux de tournage. Vite, mais bien, je m'organisais pour faire de petits miracles et, sur-le-champ, j'avais droit aux compliments de l'équipe, qui saluait les bienfaits et les plaisirs d'une cuisine savoureuse et saine. Ensuite est arrivée l'idée d'un restaurant de soupes : un endroit réconfortant, chaleureux, où l'on trouverait des potages, des mijotés, des petits plats comme ceux de ma mère… Il me semblait bien qu'il y avait une place pour mes Soupesoup dans ce pays de neige!

Alors là, j'ai travaillé, cuisiné, inventé et… magasiné! J'ai brassé de la soupe et soulevé des tonnes de chaudrons, de carcasses de poulet, d'os de prosciutto. Des caisses et des caisses de légumes! J'en ai fait du chemin afin de trouver

le bon pain et les meilleures viandes pour mes sandwichs, d'aller à la rencontre des maraîchers pour mes salades et de dénicher le meilleur chocolat et le meilleur sirop d'érable pour mes desserts... Des produits frais et naturels !

Au fil du temps, j'ai compris que je pouvais faire les choses plus efficacement. J'ai développé une façon différente de commencer ma soupe : en caramélisant d'abord l'oignon, le poireau, l'ail ; en ajoutant ensuite des herbes au goût plus prononcé, comme le thym et le romarin ; puis enfin en incorporant les légumes un par un et juste assez d'eau. En y allant ainsi, petit à petit, et en terminant avec une poignée d'herbes fraîches, je n'ai plus à préparer de bouillon à base de viande. Je sauve du temps, et ma soupe y gagne en saveurs et en propriétés nutritives.

Alors que ma première fille apprenait à lire dans la cuisine, ma deuxième est venue au monde presque dans un chaudron ! Ma collègue Reema m'a fait une jolie enseigne où l'on pouvait lire : « Fermé. Partie accoucher ! » Après toute une semaine de congé, j'étais de retour dans la cuisine. Heureusement, ma plus grande m'aidait beaucoup. Résultat : un bébé parfumé à l'oignon caramélisé et aux poivrons grillés, des fous rires, du bonheur...

J'aime ce que je fais : cuisiner, échanger avec mes collègues, découvrir les artisans, les agriculteurs, les fromagers qui font dans le bio parce qu'ils y croient. Ma plus grande récompense, ce sont mes clients si fidèles, et mon plus grand plaisir serait que certaines de mes recettes trouvent leur place dans votre livre à vous !

×

① soupes

samedi

Dim

- Cuire le boeuf
- poeler les champignon
- Couper les tomates séchées
- tailler le Hongrai
- tailler le provolone
- s'assurer d'avoir des oignons caramélisés

Mango lassi

—

3 grosses mangues mûres coupées grossièrement

125 ml (½ tasse) de yogourt

80 ml (⅓ tasse) de crème 35 % (facultatif)

Jus de 1 ½ lime

1 c. à thé de piment oiseau haché finement ou de flocons de piment

250 à 500 ml (1 à 2 tasses) d'eau

Herbes fraîches ou lanières de poivron rouge

Sel de mer et poivre du moulin

—

Variantes

Pour des parfums différents, ajouter 1 c. à thé de graines de nigelle (p. 20) ou 1 c. à thé de gingembre fraîchement râpé chauffé doucement dans 1 c. à soupe d'huile d'olive.

—

BROYER tous les ingrédients au mélangeur, sauf les herbes, en ajoutant l'eau progressivement jusqu'à la consistance voulue. Assaisonner.

RÉFRIGÉRER 2 h et servir le mango lassi garni d'herbes fraîches ou de fines lanières de poivron rouge.

×

Soupe fraîche de mangue et de concombre à la lime

—

2 mangues coupées grossièrement

3 concombres anglais pelés, en gros morceaux

Jus de 2 limes

2 petites gousses d'ail

125 ml (½ tasse) de basilic

250 ml (1 tasse) d'eau

1 piment chili, épépiné ou non, selon le degré de piquant désiré

250 à 500 ml (1 à 2 tasses) de yogourt

Feuilles de basilic entières

Glaçons

Sel de mer et poivre du moulin

—

Soupe de pêche et de concombre à la lime

On peut faire la même soupe en remplaçant les mangues par des pêches blanches et le basilic par de l'estragon.

—

BROYER tous les ingrédients au mélangeur, sauf le basilic et les glaçons. Assaisonner.

SERVIR avec quelques feuilles de basilic et deux glaçons dans chaque bol.

×

Soupe froide de figues à la feta et à la menthe

—

10 figues fraîches

3 c. à soupe de vinaigre balsamique blanc

Jus de 2 limes

60 ml (¼ tasse) de yogourt

8 feuilles de menthe

625 ml (2 ½ tasses) d'eau

1 c. à soupe de ciboulette hachée

60 ml (¼ tasse) de feta émiettée (de brebis de préférence)

4 branches de thym

Huile d'olive

Sel de mer et poivre du moulin

—

Variante

Pour un goût un peu différent et plus doux, remplacer la menthe dans les soupes aux fruits par la même quantité de mélisse chauffée dans 1 ou 2 c. à soupe de sirop d'agave.

—

BROYER tous les ingrédients au mélangeur, sauf la feta, le thym et l'huile. Assaisonner.

RÉFRIGÉRER 1 h. Garnir chaque bol de feta, arroser d'un trait d'huile et décorer avec une branche de thym. Poivrer.

×

Soupe glacée de pêches
au basilic

—

4 à 5 pêches blanches ou
jaunes dénoyautées

½ piment moyen haché
très finement

250 ml (1 tasse) de yogourt

125 ml (½ tasse) d'eau

6 à 7 feuilles de basilic

Jus de 2 limes

1 c. à thé de graines
de nigelle (facultatif)

6 brins de ciboulette ciselés

Sel de mer et
poivre du moulin

—

Les graines
de nigelle

Ce sont de petites graines
noires à l'arôme citronné
et légèrement piquant.
On les utilise surtout pour
parfumer les pains naan.

—

BROYER tous les ingrédients au mélangeur,
sauf la ciboulette.

RÉFRIGÉRER 30 min. Assaisonner et garnir
de ciboulette au moment de servir.

×

4 à 6 personnes

Soupe rafraîchissante de melon miel au thym

‒

1 c. à soupe de feuilles de thym ou de menthe

1 l (4 tasses) de melon miel en cubes

60 ml (¼ tasse) de yogourt

Sel de mer et poivre du moulin

‒

RÉDUIRE tous les ingrédients en purée lisse au mélangeur. Assaisonner.

SERVIR la soupe bien froide.

×

4 à 6 personnes

Soupe frappée de pastèque épicée

‒

1 pastèque en morceaux (sans pépins)

1 c. à thé de garam masala

1 c. à thé de curcuma

Jus de 3 limes

1 pincée de cayenne

Sel de mer et poivre du moulin

‒

RÉDUIRE tous les ingrédients en purée lisse au mélangeur. Assaisonner.

SERVIR la soupe bien froide.

×

Soupe froide de cantaloup à la fleur d'oranger

—

2 c. à soupe d'huile d'olive

1 c. à soupe de cari

½ poivron rouge en julienne

180 ml (¾ tasse) d'oignon rouge émincé

1 l (4 tasses) d'eau bouillante

1 c. à thé d'eau de fleur d'oranger

375 ml (1 ½ tasse) de patate douce en morceaux

250 ml (1 tasse) de cantaloup en dés

Piments broyés, au goût

125 ml (½ tasse) de coriandre hachée

125 ml (½ tasse) de basilic haché

Amandes tranchées grillées

Sel de mer et poivre du moulin

—

CHAUFFER l'huile à feu modéré dans une casserole. Faire revenir le cari, le poivron et l'oignon de 5 à 10 min.

AJOUTER l'eau bouillante, l'eau de fleur d'oranger et la patate douce. Saler. Laisser mijoter à feu doux de 10 à 15 min ou jusqu'à ce que la patate douce soit cuite.

BROYER au mélangeur. Rectifier l'assaisonnement. Incorporer les dés de cantaloup.

RÉFRIGÉRER 2 h. Pimenter et garnir d'herbes et d'amandes au moment de servir.

×

Soupe fraîche de melon au gingembre

–

1 c. à soupe d'huile d'olive

1 c. à thé de graines de fenouil

2,5 cm (1 po) de gingembre fraîchement râpé

1 melon de votre choix en morceaux

250 ml (1 tasse) de raisins verts (sans pépins)

Jus de 1 lime

1 c. à thé de menthe hachée

4 c. à soupe de yogourt

Feuilles de menthe ou gingembre confit haché

Sel de mer et poivre du moulin

–

CHAUFFER l'huile à feu doux dans un poêlon. Faire revenir les graines de fenouil et le gingembre 3 min.

BROYER tous les ingrédients au mélangeur en ajoutant un peu d'eau au besoin. Assaisonner.

RÉFRIGÉRER 1 h. Servir la soupe garnie de feuilles de menthe ou de gingembre confit haché.

×

6 personnes

Soupe d'été de concombre aux bleuets et aux herbes

—

2 c. à soupe d'huile d'olive

3 gousses d'ail hachées

2 concombres anglais partiellement pelés

750 ml (3 tasses) d'eau

1 c. à soupe de moutarde de Meaux (facultatif)

Jus de ½ citron

3 c. à soupe de yogourt

3 c. à soupe de cresson haché (facultatif)

4 c. à soupe d'une herbe au choix (estragon, aneth, ciboulette)

125 ml (½ tasse) de bleuets

Sel de mer et poivre du moulin

—

CHAUFFER l'huile à feu doux dans une poêle et cuire l'ail 3 min ou jusqu'à tendreté.

BROYER tous les ingrédients au mélangeur, sauf les bleuets et 1 c. à soupe de l'herbe choisie. Assaisonner.

RÉFRIGÉRER 1 h. Incorporer les bleuets et garnir de la fine herbe choisie au moment de servir.

×

Soupe froide d'avocat à la tomate

—

4 avocats mûrs

Jus de 1 à 2 limes

2 petites gousses d'ail

½ à 1 piment fort frais ou
1 pincée de cayenne

250 ml (1 tasse) de yogourt

250 à 500 ml (1 à 2 tasses)
d'eau

125 ml (½ tasse)
de coriandre

3 brins de ciboulette ou
1 oignon vert ciselés

3 petites tomates
en quartiers

Sel de mer et
poivre du moulin

—

BROYER tous les ingrédients au mélangeur, sauf quelques feuilles de coriandre, la ciboulette et la tomate. Ajouter l'eau progressivement jusqu'à la consistance voulue. Assaisonner.

GARNIR chaque bol de feuilles de coriandre, de ciboulette et de quelques quartiers de tomate.

×

Soupe fraîche de tomate et de fenouil

—

2 c. à soupe d'huile d'olive

5 gousses d'ail

1 c. à thé de graines
de fenouil

1 oignon émincé

3 tomates en dés

1 l (4 tasses)
d'eau bouillante

250 ml (1 tasse) de jus de
pomme naturel (facultatif)

1 branche de céleri émincée

1 bulbe de fenouil tranché
finement à la mandoline

Sel de mer et
poivre du moulin

—

CHAUFFER l'huile à feu modéré dans une casserole. Faire revenir l'ail, les graines de fenouil et l'oignon 5 min. Ajouter la tomate et laisser compoter 2 min.

INCORPORER l'eau, le jus de pomme, si désiré, le céleri et assaisonner. Laisser mijoter 10 min ou jusqu'à ce que les légumes soient cuits.

BROYER au mélangeur. Ajouter le fenouil.

RÉFRIGÉRER 2 h avant de servir.

×

Soupe de tomate et de concombre épicée

-

1 c. à soupe d'huile d'olive

2 gousses d'ail hachées

500 ml (2 tasses) de tomates en dés

1 concombre en morceaux

250 ml (1 tasse) de basilic

125 ml (½ tasse) de menthe

250 ml (1 tasse) de persil plat

Jus de 1 citron

½ piment moyen

Sel de mer et poivre du moulin

-

CHAUFFER l'huile à feu modéré dans une casserole. Ajouter l'ail et la tomate et cuire 10 min pour faire compoter la tomate.

INCORPORER tous les autres ingrédients et réduire en une purée grossière au mélangeur. Assaisonner.

SERVIR la soupe encore chaude ou réfrigérer 2 h pour la servir froide.

×

Velouté de tomate au basilic

—

7 tomates en quartiers

3 c. à soupe d'huile d'olive

1 c. à soupe de beurre

2 oignons émincés

4 gousses d'ail hachées

500 à 750 ml (2 à 3 tasses) d'eau bouillante

15 feuilles de basilic ciselées

160 ml (⅔ tasse) de crème 35 %

Sel de mer et poivre du moulin

—

PRÉCHAUFFER le four à 190 °C (375 °F).

DISPOSER les quartiers de tomate sur une plaque. Saler, poivrer et arroser de 1 c. à soupe d'huile. Enfourner 25 min.

CHAUFFER 2 c. à soupe d'huile et le beurre à feu modéré-vif dans une poêle. Cuire l'oignon et l'ail 10 min pour les caraméliser.

ENLEVER grossièrement la peau des tomates avant de les broyer au mélangeur avec l'oignon et l'ail, en ajoutant l'eau jusqu'à consistance désirée.

INCORPORER le basilic et la crème. Assaisonner et servir.

×

Soupe de betterave et de tomate à l'orange

—

2 c. à soupe d'huile d'olive

½ oignon rouge émincé

2 c. à soupe de gingembre fraîchement râpé

1 l (4 tasses) d'eau bouillante

250 ml (1 tasse) de tomates broyées

250 ml (1 tasse) de betterave en dés

Zeste et jus de 2 oranges bios ou 1 c. à soupe de concentré d'orange surgelé

60 ml (¼ tasse) de basilic haché

Sel de mer et poivre du moulin

—

CHAUFFER l'huile à feu modéré dans une casserole moyenne. Faire caraméliser l'oignon 10 min avec le gingembre.

INCORPORER les autres ingrédients, sauf le basilic. Cuire à couvert de 15 à 20 min ou jusqu'à ce que les betteraves soient tendres.

AJOUTER le basilic et rectifier l'assaisonnement. Servir la soupe chaude ou froide (après l'avoir réfrigérée 2 h).

×

Soupe de papaye au gingembre

—

1 c. à soupe de beurre

2 c. à thé de gingembre fraîchement râpé

180 ml (¾ tasse) d'oignon rouge émincé

½ c. à thé de piment oiseau haché finement

1 c. à thé de piment de la Jamaïque

1 l (4 tasses) de papaye en cubes

500 ml (2 tasses) d'eau bouillante

160 ml (⅔ tasse) de lait

6 c. à soupe de crème 35 % (facultatif)

3 brins de ciboulette ciselés

—

FAIRE FONDRE le beurre à feu modéré-vif dans une grande casserole. Faire revenir le gingembre, l'oignon, le piment oiseau et le piment de la Jamaïque 5 min.

AJOUTER la papaye, l'eau et le lait. Amener à ébullition. Retirer du feu.

RÉDUIRE en purée au mélangeur. Incorporer la crème, si désiré.

SERVIR la soupe chaude ou réfrigérer 2 h pour la servir froide, garnie de ciboulette.

×

Soupe de tomate au gingembre

—

1,5 kg (3 lb) de tomates fraîches en quartiers

1 c. à soupe de sucre de canne (facultatif)

4 c. à soupe d'huile d'olive

1 petit oignon rouge haché

2,5 cm (1 po) de gingembre fraîchement râpé

1 gousse d'ail hachée

1 c. à thé de cumin

Sel de mer et poivre du moulin

—

PRÉCHAUFFER le four à 190 °C (375 °F).

DISPOSER les tomates sur une plaque. Saler, poivrer, saupoudrer de sucre, si désiré, et arroser de 2 c. à soupe d'huile. Enfourner 25 min.

CHAUFFER 2 c. à soupe d'huile à feu modéré dans une poêle. Cuire l'oignon, le gingembre, l'ail et le cumin jusqu'à ce que l'oignon soit tendre.

ENLEVER grossièrement la peau des tomates avant de les broyer au mélangeur avec l'oignon et le gingembre. Diluer au besoin avec un peu d'eau et assaisonner.

SERVIR la soupe chaude ou froide (après l'avoir réfrigérée 2 h).

×

Minestrone détox au citron

—

1 l (4 tasses) d'eau

3 branches de thym

1 c. à soupe de sucre
de canne

Jus de ½ à 1 citron

1 carotte en macédoine
ou brunoise

1 branche de céleri en
macédoine ou brunoise

½ poireau (partie blanche)
en macédoine ou brunoise

½ bulbe de fenouil en
macédoine ou brunoise

125 ml (½ tasse) de
copeaux de parmesan

4 feuilles de basilic

Sel de mer et
poivre du moulin

—

Note

Bien sûr, le parmesan est
là pour le plaisir et non pour
la détox !

—

FAIRE BOUILLIR l'eau dans une casserole. Saler et ajouter le thym, le sucre, le jus de citron et les légumes.

CUIRE 7 min à feu modéré ou jusqu'à ce que les légumes soient *al dente*. Retirer les branches de thym.

GARNIR de parmesan et de basilic. Rectifier l'assaisonnement.

×

4 personnes

Soupe aux herbes

—

2 c. à soupe d'huile d'olive

1 poireau en morceaux

1 l (4 tasses) de bouillon de poulet
(ci-dessous)

750 ml (3 tasses) de
jeunes épinards

250 ml (1 tasse) de cresson

125 ml (½ tasse) de coriandre

125 ml (½ tasse) de menthe

125 ml (½ tasse) de basilic

Jus de ½ à 1 citron

Sel de mer et poivre du moulin

—

Bouillon de poulet

Réunir dans une grande casserole
1 poulet moyen, 2 carottes en
morceaux, 1 poireau lavé et fendu
sur la longueur, 3 branches de
céleri, 1 oignon piqué de 3 clous
de girofle, 3 branches de thym
(ou 1 bouquet garni) et 15 grains
de poivre. Verser suffisamment
d'eau pour tout couvrir, porter à
ébullition et laisser mijoter de
1 h 30 à 2 h, en retirant l'écume de
temps en temps. Filtrer et saler au
goût (mieux vaut rajouter du sel
au besoin au moment d'utiliser le
bouillon). Récupérer le blanc de
poulet pour garnir des sandwichs,
des salades ou des soupes.

—

CHAUFFER l'huile à feu modéré
dans une grande casserole. Faire
revenir le poireau en mouillant
avec 1 c. à soupe d'eau. Cuire 3 min
sans laisser colorer.

AJOUTER le bouillon, porter à
ébullition et retirer du feu.

INCORPORER les épinards, le
cresson et les herbes, puis
réduire immédiatement en purée
au mélangeur.

AJOUTER le jus de citron et rectifier
l'assaisonnement.

×

Potage de brocoli au cheddar

—

1 l (4 tasses)
d'eau bouillante

3 l (12 tasses) de brocoli
en bouquets

125 ml (½ tasse) de cheddar
fort râpé

Sel de mer et
poivre du moulin

—

CUIRE le brocoli dans l'eau bouillante
5 min à couvert. Égoutter en réservant
l'eau de cuisson.

BROYER le brocoli au mélangeur, tout en
ajoutant le cheddar (en garder un peu
pour la garniture) et un peu d'eau de
cuisson jusqu'à la consistance désirée.

ASSAISONNER et garnir de cheddar râpé
au moment de servir.

×

Potage de chou-fleur au padano

—

1 l (4 tasses)
d'eau bouillante

3 l (12 tasses) de chou-fleur
en bouquets

125 ml (½ tasse) de
grana padano ou de
parmesan râpés

Sel de mer et
poivre du moulin

—

CUIRE le chou-fleur dans l'eau bouillante
10 min à couvert. Égoutter en réservant
l'eau de cuisson.

BROYER le chou-fleur au mélangeur, tout
en ajoutant le padano (en garder un peu
pour la garniture) et un peu d'eau de
cuisson jusqu'à la consistance désirée.

ASSAISONNER et garnir de padano râpé
au moment de servir.

×

Potage d'asperges à l'emmental

44

—

2 tranches de pain épaisses

1 à 2 gousses d'ail

2 c. à soupe d'huile d'olive

25 asperges parées

1 l (4 tasses)
d'eau bouillante

125 ml (½ tasse)
d'emmental râpé

Sel de mer et
poivre du moulin

—

FROTTER les tranches de pain avec l'ail. Couper en petits cubes et faire revenir 5 min dans l'huile ou jusqu'à ce que les croûtons soient dorés.

CUIRE les asperges dans l'eau bouillante salée 10 min à couvert. Égoutter en réservant l'eau de cuisson.

BROYER les asperges au mélangeur, tout en ajoutant l'emmental et l'eau de cuisson. Assaisonner et servir le potage garni d'emmental et de croûtons.

×

Potage de zucchini au padano

—

2 c. à soupe d'huile d'olive

6 zucchinis en morceaux

1 oignon émincé

2 gousses d'ail hachées

750 ml à 1 l (3 à 4 tasses)
d'eau bouillante

125 ml (½ tasse) de grana
padano râpé

60 ml (¼ tasse) d'estragon
ou de basilic ou de menthe
(facultatif)

Sel de mer et
poivre du moulin

—

CHAUFFER l'huile à feu modéré-vif dans une casserole. Faire revenir le zucchini, l'oignon et l'ail de 5 à 10 min.

AJOUTER l'eau, baisser le feu à modéré et laisser mijoter 10 min ou jusqu'à ce que le zucchini soit cuit.

INCORPORER le padano et l'herbe choisie, si désiré. Broyer au mélangeur. Assaisonner.

×

Potage de patate douce à la lime

–

1 à 1,25 l (4 à 5 tasses) d'eau bouillante

4 patates douces moyennes en dés

Jus de 2 limes

1 oignon vert taillé en biais

4 c. à soupe de coriandre hachée

Sel de mer et poivre du moulin

–

Variante

En ajoutant moins d'eau, la patate douce à la lime peut se servir en purée et accompagner un poisson.

–

CUIRE la patate douce dans l'eau bouillante environ 10 min ou jusqu'à ce qu'elle soit bien tendre. Égoutter en réservant l'eau de cuisson.

RÉDUIRE en purée au mélangeur en ajoutant progressivement l'eau de cuisson nécessaire pour obtenir la consistance d'un potage.

INCORPORER le jus de lime, assaisonner et servir le potage garni d'oignon vert et de coriandre hachée.

×

Potage de courge à la pomme

—

3 c. à soupe d'huile d'olive

1 courge musquée moyenne en morceaux

2 carottes en gros morceaux

1 oignon moyen haché grossièrement

1 blanc de poireau haché grossièrement

3 gousses d'ail écrasées

3 pommes en morceaux (garder quelques lamelles pour la décoration)

2 pommes de terre en morceaux

3 branches de thym

1,25 l (5 tasses) d'eau bouillante

Sel de mer et poivre du moulin

—

CHAUFFER 2 c. à soupe d'huile à feu modéré dans une grande casserole. Faire revenir tous les ingrédients (sauf l'eau) 5 min.

VERSER l'eau bouillante et laisser mijoter 20 min ou jusqu'à ce que les légumes soient cuits. Retirer les branches de thym.

RÉDUIRE en purée au mélangeur. Assaisonner.

GARNIR chaque bol de lamelles de pomme et d'un trait d'huile d'olive.

×

6 personnes

Potage de citrouille
au coulis de canneberge

—

2 c. à soupe d'huile d'olive

5 gousses d'ail hachées

1 poireau émincé

**750 ml (3 tasses)
d'eau bouillante**

**1 branche de céleri
en tronçons**

**750 ml (3 tasses) de
citrouille en cubes**

**1 branche de
thym effeuillée**

2 à 3 feuilles de sauge

**½ c. à thé de
piments broyés**

**Sel de mer et
poivre du moulin**

—

Coulis de canneberge

**250 ml (1 tasse)
d'eau bouillante**

**250 ml (1 tasse) de
canneberges surgelées**

**80 ml (⅓ tasse) de sucre
de canne**

CHAUFFER l'huile à feu modéré dans une grande casserole. Faire revenir l'ail et le poireau de 5 à 10 min pour les attendrir, en mouillant au besoin avec 1 c. à soupe d'eau.

AJOUTER tous les autres ingrédients de la soupe. Laisser mijoter 20 min à couvert ou jusqu'à ce que les légumes soient cuits. Broyer au mélangeur. Assaisonner.

VERSER l'eau pour le coulis dans une seconde casserole. Ajouter les canneberges et le sucre. Amener à ébullition et laisser mijoter à découvert 10 min ou jusqu'à ce que les canneberges éclatent. Réduire en purée au mélangeur.

DÉCORER les bols avec le coulis de canneberge.

×

Gaspacho de Julien

—

1 concombre

2 branches de céleri

2 poivrons (jaunes, rouges ou orange)

½ oignon rouge

2 gousses d'ail hachées finement

Jus de 1 citron et de 1 lime

250 ml (1 tasse) de coriandre hachée

1 l (4 tasses) de jus de légumes

½ piment haché finement ou ½ c. à thé de piri-piri

Coulis d'herbes fraîches (facultatif) (p. 276)

Sel de mer et poivre du moulin

—

TAILLER tous les légumes très finement.

RÉUNIR tous les ingrédients (sauf le coulis d'herbes) dans un bol. Assaisonner.

LAISSER MACÉRER au moins 2 h au réfrigérateur et servir le gaspacho tel quel ou garni d'un coulis d'herbes fraîches.

×

Gaspacho andalou

—

8 tomates en quartiers

**1 concombre non pelé
en morceaux**

**1 poivron rouge
en morceaux**

**2 gousses d'ail hachées
grossièrement**

**¼ baguette en
gros morceaux**

**3 c. à soupe de vinaigre
de Xérès**

2 c. à soupe d'huile d'olive

**Sel de mer et
poivre du moulin**

—

<u>Variante</u>

Pour ajouter du croquant,
garnir chaque bol de
gaspacho de 1 c. à soupe
d'un concassé de
poivron, de concombre
et d'oignon rouge.

—

RÉUNIR tous les ingrédients dans un
grand bol et laisser macérer 24 h
au réfrigérateur.

BROYER au mélangeur puis passer
au chinois. Assaisonner.

SERVIR avec un filet d'huile d'olive.

×

Velouté de poivrons rôtis

—

4 gousses d'ail non pelées

2 poivrons rouges
coupés en deux

2 c. à soupe d'huile d'olive

1 oignon émincé

1 branche de céleri émincée

½ c. à thé de paprika fumé

1 l (4 tasses)
d'eau bouillante

250 ml (1 tasse) de pomme
de terre en dés

60 ml (¼ tasse) de
persil haché

Sel de mer et
poivre du moulin

—

Variantes

Vous pouvez remplacer la
pomme de terre par 250 ml
(1 tasse) de tomate. Réduire
alors la quantité d'eau.

Vous pouvez aussi
remplacer la pomme de
terre par des croûtons
de pain, ce qui vous évitera
d'avoir à faire mijoter la
soupe pour cuire la pomme
de terre.

—

PRÉCHAUFFER le four à 200 °C (400 °F).

DÉPOSER l'ail et les poivrons sur une plaque. Badigeonner de 1 c. à soupe d'huile. Enfourner de 5 à 10 min ou jusqu'à ce que les poivrons soient rôtis.

PRESSER les gousses d'ail pour récupérer la chair et enlever la peau des poivrons. Réserver.

CHAUFFER à feu modéré 1 c. à soupe d'huile dans une casserole. Faire revenir l'oignon et le céleri avec le paprika.

INCORPORER l'eau bouillante, la pomme de terre, le poivron et l'ail rôtis. Laisser mijoter à couvert 15 min ou jusqu'à ce que la pomme de terre soit cuite.

BROYER au mélangeur. Assaisonner.

GARNIR de persil avant de servir le velouté chaud ou froid (pour un velouté froid, ajouter le jus de 1 lime).

×

Potage d'aubergine et gremolata

—

60 ml (¼ tasse)
d'huile d'olive

1 petit oignon haché

1 gousse d'ail hachée

2 aubergines de taille
moyenne pelées et
hachées grossièrement

750 ml (3 tasses)
d'eau bouillante

125 ml (½ tasse) de yogourt
ou de crème 35 %

Gremolata (ci-dessous)

Sel de mer et
poivre du moulin

—

Gremolata

Mélanger dans un bol les
zestes hachés de 1 orange
et de 1 citron bios avec
500 ml (2 tasses) de persil
plat haché et 2 gousses d'ail
hachées finement.

—

CHAUFFER l'huile dans une casserole à feu modéré-vif. Faire revenir l'oignon, l'ail et l'aubergine 7 min pour dorer l'aubergine.

AJOUTER l'eau bouillante. Baisser le feu à modéré et laisser mijoter à couvert 10 min.

RETIRER du feu. Incorporer le yogourt. Réduire en purée au mélangeur et assaisonner.

GARNIR chaque bol de 1 c. à soupe de gremolata.

×

Potage espagnol aux amandes

—

1 tête d'ail entière

4 c. à soupe d'huile d'olive

2 oignons hachés

3 c. à thé de cumin

1 c. à soupe de
paprika fumé

1 l (4 tasses)
d'eau bouillante

2 grosses pommes de terre
en morceaux

5 c. à soupe d'amandes
en poudre

1 c. à soupe de
vinaigre balsamique

125 ml (½ tasse) de
crème 35 %

5 c. à soupe
d'amandes tranchées

Sel de mer et
poivre du moulin

—

EMBALLER l'ail avec un trait d'huile dans une papillote d'aluminium et cuire au four 30 min à 200 °C (400 °F). Extraire des gousses la purée d'ail ainsi obtenue et réserver.

CHAUFFER l'huile restante à feu modéré dans une grande casserole. Faire revenir l'oignon, le cumin et le paprika 5 min.

AJOUTER l'eau, la pomme de terre, les amandes en poudre et le vinaigre. Laisser mijoter 10 min ou jusqu'à ce que la pomme de terre soit cuite.

INCORPORER la purée d'ail et la crème. Laisser mijoter encore 3 min, puis réduire en purée au mélangeur. Assaisonner.

POÊLER à sec les amandes tranchées jusqu'à ce qu'elles soient dorées. Utiliser pour garnir les bols au moment de servir.

×

Minestrone du cardinal

—

3 c. à soupe d'huile d'olive

60 ml (¼ tasse) de jambon speck émincé

6 gousses d'ail hachées

1 petit oignon rouge émincé

1 betterave en julienne

1 branche de céleri émincée

½ petit navet en julienne

1 pomme de terre en cubes

80 ml (⅓ tasse) de courge en cubes

½ patate douce en cubes

1 carotte en julienne

2 feuilles de laurier

1 c. à thé d'origan

4 c. à soupe de basilic haché

3 c. à soupe de tomate séchée émincée

1 l (4 tasses) d'eau bouillante

375 ml (1 ½ tasse) de tomates en morceaux

125 ml (½ tasse) de haricots verts

1 petite courgette en julienne

Parmesan râpé

Sel de mer et poivre du moulin

—

CHAUFFER 2 c. à soupe d'huile à feu modéré dans un petit poêlon. Faire revenir le speck, l'ail et l'oignon 3 min.

AJOUTER tous les autres ingrédients, sauf l'eau, la tomate fraîche, les haricots, la courgette et les feuilles de betterave. Assaisonner et faire revenir 7 min.

VERSER l'eau bouillante, ajouter la tomate fraîche et laisser mijoter jusqu'à ce que les légumes soient tendres.

INCORPORER, 5 min avant de servir seulement, les haricots et la courgette.

GARNIR de parmesan au moment de servir.

×

Variantes

Vous pouvez ajouter
des haricots blancs cuits
et des pâtes courtes
cuites. En supprimant
la betterave, vous
retrouverez le classique
minestrone italien.

Andalouse de lentilles aux abricots

—

2 c. à soupe d'huile d'olive

1 oignon haché

4 gousses d'ail hachées

1 c. à soupe de cumin
+ 1 c. à thé de paprika
fumé + ½ c. à thé de
cannelle + ¼ c. à thé de
piments broyés

1,5 l (6 tasses)
d'eau bouillante

125 ml (½ tasse) de
lentilles corail

180 ml (¾ tasse) de
tomates broyées

2 branches de
thym effeuillées

12 abricots séchés émincés

1 branche de céleri émincée

½ poivron rouge en julienne

Jus de 1 citron

2 c. à soupe de persil haché

Sel de mer et
poivre du moulin

—

CHAUFFER l'huile à feu modéré dans une grande casserole. Faire revenir l'oignon, l'ail, le cumin, le paprika, la cannelle et le piment 5 min.

AJOUTER les autres ingrédients, sauf le persil. Laisser mijoter 20 min ou jusqu'à ce que les lentilles soient cuites. Brasser à l'occasion et ajouter de l'eau au besoin.

ASSAISONNER et servir la soupe garnie de persil.

×

Bortsch de topinambours (sans betterave)

2 c. à soupe d'huile d'olive

1 c. à soupe de beurre

1 c. à soupe de graines de carvi + 1 c. à soupe de graines de cumin + 5 clous de girofle moulus

3 gousses d'ail hachées

2 oignons moyens émincés

½ poireau émincé

1 à 1,25 l (4 à 5 tasses) d'eau bouillante

125 ml (½ tasse) de tomates broyées

180 ml (¾ tasse) de topinambours en morceaux

500 ml (2 tasses) de chou rouge émincé

1 c. à soupe de vinaigre balsamique

½ c. à soupe de sucre de canne

2 c. à soupe d'aneth haché

Crème sure

Sel de mer et poivre du moulin

CHAUFFER l'huile et le beurre à feu modéré dans une casserole moyenne. Faire revenir les épices, l'ail, l'oignon et le poireau de 5 à 10 min, en mouillant au besoin avec 1 c. à soupe d'eau.

INCORPORER le reste des ingrédients sauf l'aneth et la crème sure. Laisser mijoter à couvert à feu doux 20 min ou jusqu'à ce que les topinambours soient cuits. Assaisonner.

GARNIR d'aneth et de crème sure au moment de servir.

Soupe de légumes-racines grillés

–

4 panais en gros morceaux

2 carottes en gros morceaux

1 oignon moyen
en quartiers

4 tomates en quartiers

3 gousses d'ail pelées

3 c. à soupe d'huile d'olive

1 c. à soupe de cumin +
1 c. à soupe de curcuma
+ 1 c. à soupe de graines
de coriandre broyées +
1 c. à thé de graines de
moutarde

750 ml (3 tasses)
d'eau bouillante

Jus de ½ à 1 citron

60 ml (¼ tasse) de
persil haché

Sel de mer et
poivre du moulin

–

PRÉCHAUFFER le four à 200 ºC (400 ºF).

MÉLANGER les légumes avec l'huile et
les épices dans un grand bol.

DÉPOSER les légumes sur une plaque à
rebord, arroser de 250 ml (1 tasse) d'eau
bouillante. Couvrir de papier d'aluminium
et enfourner 15 min.

RETIRER le papier et réduire la
température du four à 180 ºC (350 ºF).
Poursuivre la cuisson 15 min ou jusqu'à
ce que les légumes soient tendres.

BROYER le tout au mélangeur en ajoutant
500 ml (2 tasses) d'eau bouillante.
Rehausser d'un trait de jus de citron
et assaisonner.

GARNIR de persil au moment de servir.

x

Soupe à l'oignon à la Guinness et à l'estragon

-

1 c. à soupe d'huile d'olive

1 c. à soupe de beurre

½ c. à thé de muscade + ½ c. à thé de graines de cumin + ½ c. à soupe de piment de la Jamaïque

2 oignons émincés

1 poireau émincé

750 ml (3 tasses) d'eau bouillante

2 branches de thym effeuillées

½ c. à thé de moutarde à l'ancienne

4 gousses d'ail confit (ci-dessous)

250 ml (1 tasse) de bière Guinness (ou stout)

60 ml (¼ tasse) d'estragon haché

6 tranches de pain grillées

500 ml (2 tasses) de cheddar fort râpé

Sel de mer et poivre du moulin

-

Ail confit

Emballer 1 tête d'ail arrosée d'un filet d'huile d'olive dans une papillote d'aluminium, et cuire au four 30 min à 200 °C (400 °F). Extraire des gousses la purée d'ail ainsi obtenue.

La chair des gousses que vous n'utilisez pas peut se congeler. Elle fera merveille dans un potage de légumes, une sauce ou une mayonnaise.

-

CHAUFFER l'huile et le beurre à feu modéré dans une grande casserole. Faire revenir les épices, l'oignon et le poireau 10 min, en mouillant au besoin avec 1 c. à soupe d'eau.

INCORPORER l'eau bouillante, le thym, la moutarde et l'ail confit. Laisser mijoter 10 min ou jusqu'à ce que l'oignon caramélise.

AJOUTER la bière et cuire encore 5 min pour réchauffer le tout. Assaisonner.

VERSER la soupe à l'oignon dans des bols pouvant aller au four. Garnir chaque bol d'estragon, déposer une tranche de pain et recouvrir de fromage. Gratiner sous le gril.

×

Saint-Germain à la menthe

—

1 c. à soupe de beurre
ou d'huile d'olive

1 oignon émincé

500 g (1 lb) de pois congelés

2 branches de menthe

500 ml (2 tasses)
d'eau bouillante

80 ml (⅓ tasse) de crème
35 % (facultatif)

Sel de mer et
poivre du moulin

—

Variantes

On peut remplacer la
menthe par des feuilles
d'estragon.

Faites comme les Anglais,
égouttez avant de broyer
et servez cette purée avec
de l'agneau.

—

CHAUFFER à feu modéré le beurre dans une casserole et faire revenir l'oignon 5 min.

AJOUTER les pois, la menthe et l'eau. Porter à faible ébullition, baisser le feu et laisser mijoter 10 min à couvert. Retirer les branches de menthe.

RÉDUIRE en purée au mélangeur sans mettre toute l'eau de cuisson. Ajouter la crème, si désiré, ou de l'eau pour obtenir la consistance d'un potage.

ASSAISONNER et garnir de feuilles de menthe au moment de servir.

×

Saint-Patrick
aux pois chiches

—

1 c. à soupe de beurre

2 c. à soupe d'huile d'olive

1 oignon moyen émincé

½ c. à thé de muscade
+ 3 c. à thé de cumin

1 l (4 tasses)
d'eau bouillante

1 c. à soupe de
vinaigre balsamique

2 grosses pommes de
terre en cubes

170 g (6 oz) de vieux
cheddar râpé

6 c. à soupe de crème 35 %

1 poireau émincé

1 branche de
thym effeuillée

250 ml (1 tasse) de pois
chiches cuits

4 c. à soupe de persil haché

Sel de mer et
poivre du moulin

—

CHAUFFER à feu modéré dans une grande casserole le beurre et l'huile. Faire revenir l'oignon et les épices 5 min.

VERSER l'eau bouillante et le vinaigre. Ajouter la pomme de terre et laisser mijoter 10 min ou jusqu'à ce qu'elle soit cuite.

INCORPORER le fromage et la crème, puis broyer au mélangeur à main.

AJOUTER le poireau et le thym. Laisser mijoter à feu doux 10 min en brassant à l'occasion. Assaisonner.

METTRE les pois chiches et le persil. Réchauffer quelques minutes.

×

Parmentier ou vichyssoise à la citronnelle

–

2 c. à soupe de beurre

3 gousses d'ail hachées

2 oignons hachés

2 poireaux émincés

2 bâtons de citronnelle entaillés sur la longueur

4 feuilles de lime kéfir ou le jus de 2 limes

1,5 l (6 tasses) d'eau bouillante

500 g (1 lb) de pommes de terre en gros morceaux

125 ml (½ tasse) de crème 35 %

8 brins de ciboulette hachés

Sel de mer et poivre du moulin

–

Variante

Pour une vichyssoise classique, il suffit de remplacer la citronnelle et les feuilles de lime kéfir par 2 feuilles de laurier.

–

FAIRE FONDRE le beurre dans une grande casserole, à feu modéré. Cuire l'ail, l'oignon et le poireau avec la citronnelle et les feuilles de lime kéfir 10 min. Mouiller au besoin avec 1 c. à soupe d'eau.

AJOUTER l'eau et les pommes de terre. Saler. Porter à ébullition, puis réduire le feu et laisser mijoter 15 min ou jusqu'à ce que les pommes de terre soient cuites.

VERSER la crème et assaisonner. Retirer la citronnelle et la lime kéfir. Broyer au mélangeur.

SERVIR le potage garni de ciboulette, chaud en parmentier ou froid en vichyssoise.

×

Deep South de maïs et de chou

—

2 c. à soupe d'huile d'olive

1 c. à soupe de beurre

2 oignons moyens émincés

6 gousses d'ail hachées

1 c. à soupe de graines de cumin + 1 c. à soupe de piment de la Jamaïque + 1 c. à thé de gingembre moulu + ½ c. à thé de paprika + ½ c. à thé de cayenne + ¼ c. à thé de curcuma

1,25 l (5 tasses) d'eau bouillante

375 ml (1 ½ tasse) de maïs en grains (surgelé ou frais, p. 152)

125 ml (½ tasse) de pois cassés jaunes

1 carotte en cubes

250 ml (1 tasse) de chou vert émincé

1 c. à thé de vinaigre de vin

6 c. à soupe de crème 35 %

Sel de mer et poivre du moulin

—

CHAUFFER l'huile et le beurre à feu modéré-vif dans une grande casserole. Faire revenir l'oignon, l'ail et les épices de 2 à 5 min.

INCORPORER tous les autres ingrédients, sauf la crème. Laisser mijoter à couvert 45 min ou jusqu'à ce que les pois soient cuits.

BROYER la moitié de la soupe au robot en y ajoutant la crème.

REMETTRE le tout dans la casserole, assaisonner et laisser mijoter encore 5 min pour réchauffer.

×

Chaudrée de maïs à la citronnelle

—

2 c. à soupe d'huile d'olive

1 c. à soupe de beurre

1 petit oignon rouge émincé

1 poireau émincé

4 gousses d'ail hachées

1 c. à soupe de coriandre moulue

½ c. à thé de curcuma

750 ml (3 tasses) d'eau bouillante

250 ml (1 tasse) de lait

1 grosse pomme de terre en cubes

375 ml (1 ½ tasse) de maïs en grains (surgelé ou frais, p. 152)

1 branche de céleri émincée

1 bâton de citronnelle (partie blanche) entaillé

½ c. à thé de flocons de piment

3 c. à soupe de coriandre hachée

10 feuilles d'épinard hachées

80 ml (⅓ tasse) de crème 35 %

Sel de mer et poivre du moulin

—

CHAUFFER l'huile et le beurre à feu modéré dans une casserole. Faire revenir l'oignon, le poireau et l'ail avec la coriandre moulue et le curcuma de 5 à 10 min, en mouillant au besoin avec 1 c. à soupe d'eau.

AJOUTER les autres ingrédients sauf la coriandre hachée, les épinards et la crème. Laisser mijoter à couvert 15 min ou jusqu'à ce que la pomme de terre soit cuite.

INCORPORER les épinards, la coriandre hachée et la crème. Assaisonner. Laisser mijoter encore 5 min.

RETIRER le bâton de citronnelle avant de servir.

×

Yucatán de manioc, de maïs et de patate douce

—

2 c. à soupe d'huile de maïs

1 gros oignon émincé

2 c. à soupe de coriandre moulue

¼ c. à thé de piments broyés

1,25 l (5 tasses) d'eau bouillante

375 ml (1 ½ tasse) de racine de manioc (yucca) en cubes

250 ml (1 tasse) de maïs en grains (surgelé ou frais, p. 152)

375 ml (1 ½ tasse) de patate douce en cubes

4 c. à soupe de yogourt

6 c. à soupe de crème 35 %

2 c. à soupe de coriandre hachée

Poivre du moulin

—

CHAUFFER l'huile à feu modéré dans une grande casserole. Faire revenir l'oignon, la coriandre et le piment 5 min.

AJOUTER l'eau bouillante, le manioc et le maïs. Cuire à couvert 10 à 15 min ou jusqu'à ce que le manioc soit attendri.

INCORPORER la patate douce, le yogourt, la crème et la moitié de la coriandre hachée. Laisser mijoter encore 10 min ou jusqu'à ce que tous les ingrédients soient tendres. Poivrer.

GARNIR de coriandre hachée au moment de servir.

×

6 à 8 personnes

Soupe *mole* de haricots noirs aux arachides

—

2 c. à soupe d'huile d'olive

1 c. à soupe de cumin +
2 c. à soupe de coriandre
moulue + 1 c. à thé de
piments broyés

2 oignons moyens émincés

6 gousses d'ail hachées

½ poivron rouge en julienne

3 grosses tomates en dés

1 l (4 tasses)
d'eau bouillante

3 c. à thé de cacao
en poudre

1 c. à soupe de sucre de
canne (ou moins selon
l'amertume du cacao)

5 c. à thé de beurre
d'arachide naturel

500 ml (2 tasses) de
haricots noirs cuits

4 c. à soupe de
coriandre hachée

Sel de mer et
poivre du moulin

—

CHAUFFER l'huile à feu modéré dans une grande casserole. Faire revenir quelques minutes les épices, l'oignon et l'ail.

AJOUTER les autres ingrédients, sauf les haricots noirs et la coriandre hachée. Laisser mijoter à couvert 25 min. Assaisonner.

INCORPORER les haricots noirs et la coriandre hachée. Cuire encore 5 min pour réchauffer.

×

Brésilienne de haricots rouges à la tomate

—

4 c. à soupe d'huile d'olive

1 oignon rouge émincé

1 c. à soupe de cari

3 c. à soupe de coriandre moulue

500 ml (2 tasses) de tomates broyées

1,25 l (5 tasses) d'eau bouillante

2 c. à soupe de vinaigre balsamique

2 grosses patates douces en dés

500 ml (2 tasses) de haricots rouges cuits

4 c. à soupe de coriandre hachée

Sel de mer et poivre du moulin

—

CHAUFFER l'huile à feu modéré-vif dans une grande casserole. Incorporer l'oignon, le cari et la coriandre moulue. Faire revenir 5 min.

AJOUTER la tomate, l'eau bouillante, le vinaigre et la patate douce. Laisser mijoter 10 min. Assaisonner.

INCORPORER les haricots rouges et la coriandre hachée. Réchauffer quelques minutes et servir.

×

Louisianaise aux légumes variés

—

2 c. à soupe d'huile d'olive

½ poireau émincé

1 oignon moyen émincé

4 gousses d'ail hachées

2 c. à soupe de gingembre fraîchement râpé

1 c. à soupe de cumin + 1 c. à thé de paprika + 1 c. à thé de piment de la Jamaïque + ½ c. à thé de cayenne + ½ c. à thé de cannelle

1,25 l (5 tasses) d'eau bouillante

250 ml (1 tasse) de tomates broyées

½ poivron rouge en julienne

1 carotte en julienne

1 branche de céleri émincée

1 grosse patate douce en cubes

180 ml (¾ tasse) de maïs en grains (surgelé ou frais, p. 152)

2 branches de thym effeuillées

1 feuille de laurier

1 c. à soupe de vinaigre de Xérès

125 ml (½ tasse) de haricots rouges cuits

250 ml (1 tasse) de chou vert émincé

6 okras (gombos) en julienne

2 c. à soupe de persil haché

Sel de mer et poivre du moulin

—

CHAUFFER l'huile à feu modéré dans une grande casserole. Faire revenir le poireau, l'oignon, l'ail, le gingembre et les épices de 5 à 10 min, en mouillant au besoin avec 1 c. à soupe d'eau.

AJOUTER les autres ingrédients, sauf les haricots, le chou, les okras et le persil. Assaisonner. Laisser mijoter 30 min ou jusqu'à ce que les légumes soient tendres.

INCORPORER les ingrédients réservés et laisser mijoter encore 5 min pour réchauffer le tout. Retirer la feuille de laurier et servir.

×

Jamaïcaine de patate douce et de haricots rouges

—

2 c. à soupe d'huile d'olive

4 gousses d'ail hachées

1 c. à soupe de gingembre fraîchement râpé

1 c. à soupe de cumin + 1 c. à thé de piment de la Jamaïque + ½ c. à thé de cayenne + ¼ c. à thé de clou de girofle moulu + 1 bâton de cannelle

1 oignon émincé

875 ml (3 ½ tasses) d'eau bouillante

1 patate douce en dés

1 branche de céleri émincée

1 branche de thym effeuillée

Jus de ½ lime

625 ml (2 ½ tasses) de haricots rouges cuits

125 ml (½ tasse) de coriandre hachée

Sel de mer et poivre du moulin

—

CHAUFFER l'huile à feu modéré dans une grande casserole. Faire revenir l'ail, le gingembre, les épices et l'oignon de 5 à 10 min.

AJOUTER l'eau bouillante, la patate douce, le céleri, le thym et le jus de lime. Assaisonner. Baisser le feu et laisser mijoter à couvert 25 min ou jusqu'à ce que les légumes soient cuits.

INCORPORER les haricots rouges et la coriandre hachée. Laisser mijoter encore 5 min pour réchauffer le tout.

×

Mulligatawny d'été
à la tomate et à la pomme

-

3 c. à soupe de raisins
de Corinthe

750 ml (3 tasses) de thé noir
de type Assam

4 c. à soupe d'huile d'olive

3 gousses d'ail hachées

1 oignon moyen émincé

2 branches de
céleri émincées

4 tomates en dés

125 ml (½ tasse) de noix de
coco râpée non sucrée

1 c. à thé de cari

1 c. à thé de beurre

2 pommes (MacIntosh ou
Cortland) émincées

Sel de mer et
poivre du moulin

-

FAIRE GONFLER les raisins dans le thé fraîchement infusé 10 min. Retirer les raisins, les mettre de côté, ainsi que le thé.

CHAUFFER l'huile à feu modéré dans une casserole. Faire revenir l'ail, l'oignon et le céleri 3 min.

AJOUTER la tomate, la noix de coco, le cari et le thé réservé. Laisser mijoter à feu doux de 20 à 25 min ou jusqu'à ce que le céleri soit cuit.

RÉDUIRE en purée au mélangeur. Assaisonner.

CHAUFFER le beurre à feu modéré dans un poêlon. Faire revenir les pommes 10 min pour les caraméliser.

INCORPORER les pommes caramélisées et les raisins réhydratés au mulligatawny avant de servir.

×

6 personnes

Mulligatawny d'hiver aux lentilles et à la patate douce

—

4 c. à soupe
d'amandes effilées

4 c. à soupe d'huile d'olive

5 cm (2 po) de gingembre en
gros morceaux

1 c. à thé de cardamome
+ 1 c. à thé de cumin
+ 1 c. à thé de coriandre
moulue + 1 c. à thé
de cari + ½ c. à thé de
piments broyés

2 oignons moyens émincés

½ poivron rouge en julienne

1,25 l (5 tasses)
d'eau bouillante

80 ml (⅓ tasse) de
lentilles brunes

1 grosse patate douce
en dés

Jus de 1 citron

3 c. à soupe de yogourt

1 pomme Granny Smith
non pelée émincée

3 c. à soupe de
coriandre hachée

Sel de mer et
poivre du moulin

—

POÊLER à sec les amandes effilées quelques minutes ou jusqu'à ce qu'elles soient dorées. Réserver.

CHAUFFER l'huile à feu modéré dans une grande casserole. Faire revenir le gingembre, les épices, l'oignon et le poivron quelques minutes pour les attendrir. Assaisonner.

INCORPORER l'eau bouillante et les lentilles. Cuire à couvert 25 min ou jusqu'à ce que les lentilles soient tendres. Allonger d'eau au besoin.

AJOUTER la patate douce et le jus de citron. Laisser mijoter à feu doux 5 min ou jusqu'à ce que la patate douce soit presque cuite.

INCORPORER le yogourt, la pomme, la coriandre hachée et les amandes grillées. Laisser mijoter encore 5 min pour réchauffer le tout. Retirer les morceaux de gingembre avant de servir.

×

Soupe de pois chiches à l'orientale

—

2 c. à soupe d'huile d'olive

5 gousses d'ail hachées

1 oignon émincé

1 c. à thé de graines de cumin + ½ c. à thé de piments broyés + ½ c. à thé de curcuma

2 branches de thym effeuillées

3 tomates en dés

750 ml (3 tasses) d'eau bouillante

1 branche de céleri émincée

750 ml (3 tasses) de pois chiches cuits

250 ml (1 tasse) de tomates cerises (facultatif)

60 ml (¼ tasse) de coriandre hachée

Sel de mer et poivre du moulin

—

CHAUFFER l'huile à feu modéré dans une casserole. Faire revenir l'ail et l'oignon avec les épices et le thym de 5 à 10 min.

AJOUTER la tomate et laisser cuire 2 min pour la faire compoter.

INCORPORER l'eau et le céleri. Laisser mijoter 10 min.

METTRE les pois chiches et les tomates cerises, si désiré. Assaisonner. Laisser mijoter encore 5 min pour réchauffer le tout.

GARNIR de coriandre hachée au moment de servir.

×

Soupe d'okra aigre-douce

2 c. à soupe d'huile d'olive

4 gousses d'ail hachées

1 c. à soupe de cari

1 c. à thé de poudre
de galanga

6 tomates en dés

1 l (4 tasses)
d'eau bouillante

2 oignons moyens émincés

½ poivron rouge en julienne

6 okras (gombos)
en julienne

1 c. à soupe de sucre
de canne

Jus de 1 citron et de 1 lime

Sel de mer et
poivre du moulin

—

Le galanga

Ce rhizome a une apparence
et une saveur relativement
proches du gingembre, mais
il est moins piquant.

CHAUFFER 1 c. à soupe d'huile à feu modéré dans une grande casserole. Faire revenir l'ail, le cari et le galanga quelques minutes ou jusqu'à ce que ce dernier soit odorant.

INCORPORER la tomate et l'eau bouillante. Laisser mijoter 10 min, puis broyer à l'aide du mélangeur à main.

CHAUFFER 1 c. à soupe d'huile à feu modéré dans un poêlon. Faire revenir l'oignon et le poivron 5 min. Ajouter à la soupe.

INCORPORER le reste des ingrédients. Laisser mijoter encore 5 min pour réchauffer le tout. Assaisonner.

×

Dhal de lentilles corail

—

4 c. à soupe d'huile d'olive

2 c. à soupe de beurre

3 c. à soupe de graines de cumin + 3 c. à soupe de graines de coriandre + 1 c. à soupe de fenugrec + 1 c. à soupe de moutarde noire + ½ c. à thé de curcuma

1 oignon émincé

5 cm (2 po) de gingembre en gros morceaux

1,5 l (6 tasses) d'eau bouillante

250 ml (1 tasse) de lentilles corail ou de haricots mungo

Flocons de piment

3 c. à soupe de coriandre hachée

Sel de mer et poivre du moulin

—

La moutarde noire

Les Indiens utilisent davantage cette moutarde, qui a un goût plus prononcé que la moutarde jaune.

—

CHAUFFER l'huile et le beurre à feu moyen-vif dans une grande casserole. Ajouter les épices, l'oignon et le gingembre. Assaisonner. Faire revenir 5 min.

INCORPORER l'eau bouillante et les lentilles. Laisser mijoter à couvert 15 min ou jusqu'à ce que les lentilles soient cuites (40 min si l'on utilise des haricots mungo). Remuer à l'occasion et ajouter de l'eau au besoin.

ASSAISONNER de piment et garnir de coriandre hachée avant de servir.

×

Coréenne de chou et d'edamames

—

1 l (4 tasses)
d'eau bouillante

5 champignons
shiitakes séchés

2 c. à soupe d'huile d'olive

1 c. à thé d'huile de
sésame grillé

4 gousses d'ail hachées

5 cm (2 po) de gingembre en
gros morceaux

2 oignons verts hachés

½ poivron rouge émincé

1 branche de céleri
en julienne

1 petite carotte en julienne

4 tomates en dés

2 c. à soupe de tamari

1 c. à soupe de vinaigre
de riz

375 ml (1 ½ tasse) de
chou chinois ou de
bok choy émincés

6 c. à soupe de
coriandre hachée

125 ml (½ tasse)
d'edamames écossés

—

Les edamames

Ce sont des haricots de soja vendus en cosses. On les trouve au rayon des surgelés dans les épiceries (préférez-les biologiques). Il suffit de les cuire 3 min à la vapeur.

—

PLONGER les shiitakes dans l'eau bouillante. Couvrir la casserole et laisser mijoter 10 min ou jusqu'à ce que les chapeaux soient tendres. Recueillir les champignons en conservant l'eau de réhydratation. Émincer les parties tendres (jeter les parties dures) et réserver.

CHAUFFER les huiles à feu modéré-vif dans une grande casserole. Faire revenir l'ail, le gingembre, l'oignon vert, le poivron, le céleri et la carotte 5 min.

AJOUTER la tomate, le tamari, le vinaigre et l'eau de réhydratation des champignons. Laisser mijoter quelques minutes pour réchauffer le tout.

INCORPORER le chou et la coriandre hachée. Cuire encore 3 min ou jusqu'à ce que le chou soit *al dente*.

AJOUTER les edamames à la toute fin de la cuisson pour qu'ils conservent leur couleur et leur tendreté. Retirer les morceaux de gingembre avant de servir.

×

Thaï de courge et d'épinards

–

Pâte laksa

1 c. à soupe d'huile d'olive

4 oignons verts
hachés finement

2 gousses d'ail hachées

2 c. à thé de gingembre
fraîchement râpé

2 petits piments épépinés,
coupés finement

1 c. à soupe de citronnelle
hachée finement
(partie blanche)

½ c. à thé de curcuma
+ 2 c. à thé de cumin
+ 1 c. à thé de graines de
coriandre moulues

1 c. à soupe de sucre
de canne

–

Soupe

1 courge musquée assez
grosse en cubes

1 l (4 tasses)
d'eau bouillante

1 boîte de 140 ml (5 oz) de
lait de coco

1,5 l (6 tasses) d'épinards
hachés grossièrement

½ bouquet de
basilic effeuillé

250 ml (1 tasse) de germes
de haricots mungo (fèves
germées)

–

FAIRE REVENIR les ingrédients de la pâte laksa dans une grande casserole 3 min.

AJOUTER la courge et faire revenir 1 min pour bien l'enrober de pâte laksa.

VERSER l'eau bouillante et le lait de coco. Baisser le feu et laisser mijoter 5 min.

INCORPORER les épinards, mélanger et garnir de feuilles de basilic et de germes de haricots mungo au moment de servir.

×

Asiatique aux champignons

–

1,5 l (6 tasses)
d'eau bouillante

5 champignons asiatiques
séchés (shiitakes)

2 c. à soupe d'huile d'olive

6 gousses d'ail hachées

2 c. à soupe de gingembre
fraîchement râpé

2 champignons
portobellos émincés

250 ml (1 tasse) de
pleurotes tranchés

1 c. à soupe de tamari

4 c. à soupe de brandy

2 c. à soupe de vinaigre
de Xérès

2 oignons verts émincés

250 ml (1 tasse) de bébés
bok choy en quartiers

15 feuilles de
basilic émincées

255 g (9 oz) de vermicelles
de riz cuits (facultatif)

Sel de mer

–

VERSER l'eau bouillante dans une casserole. Ajouter les shiitakes, couvrir et laisser mijoter 10 min ou jusqu'à ce que les chapeaux soient tendres.

ÉGOUTTER les champignons en conservant l'eau de réhydratation. Émincer les parties tendres (jeter les parties dures) et réserver.

CHAUFFER l'huile à feu modéré-vif dans une grande casserole. Faire revenir l'ail, le gingembre, les champignons portobellos et les pleurotes, de 7 à 10 min pour les attendrir.

AJOUTER l'eau de réhydratation, le tamari, le brandy, le vinaigre, l'oignon vert et les shiitakes réhydratés. Saler au besoin. Porter à ébullition, ajouter le bok choy et le basilic.

PLACER une portion de nouilles de riz, si désiré, dans chaque bol avant d'y verser la soupe chaude.

×

Malaisienne d'aubergine aux lentilles

–

1 aubergine moyenne en dés

4 c. à soupe d'huile d'olive

2 c. à soupe de gingembre fraîchement râpé

1 c. à thé de graines de fenouil + 1 c. à thé de clou de girofle moulu + 1 c. à thé de cardamome moulue

½ c. à thé de piment oiseau haché finement

4 gousses d'ail hachées

1 oignon émincé

4 tomates en dés

1 l (4 tasses) d'eau bouillante

125 ml (½ tasse) de lentilles corail

3 c. à soupe de coriandre hachée

2 c. à soupe de menthe hachée

Sel de mer

–

PRÉCHAUFFER le four à 200 °C (400 °F).

PLACER les cubes d'aubergine sur une plaque recouverte de papier parchemin. Badigeonner avec 2 c. à soupe d'huile. Enfourner et cuire de 5 à 10 min ou jusqu'à ce que l'aubergine soit rôtie. Réserver.

CHAUFFER à feu modéré-vif les 2 c. à soupe d'huile restantes dans une casserole. Faire revenir le gingembre, les épices, le piment, l'ail et l'oignon 5 min. Ajouter les tomates et laisser compoter 2 min.

AJOUTER l'eau bouillante, les lentilles et les cubes d'aubergine grillés. Baisser le feu, saler et laisser mijoter à couvert de 15 à 20 min, en remuant à l'occasion, jusqu'à ce que les lentilles soient cuites. Ajouter de l'eau au besoin.

INCORPORER la coriandre et la menthe hachées avant de servir.

×

Indonésienne
aux haricots verts

1 c. à thé d'huile de sésame grillé

2 c. à soupe d'huile d'olive

1 c. à soupe de beurre

1 c. à soupe de cardamome + 1 c. à soupe de graines de cumin + 1 c. à soupe de coriandre moulue + 1 c. à thé de graines de moutarde noire (p. 90)

½ c. à thé de piment oiseau haché finement

5 cm (2 po) de gingembre en gros morceaux

2 oignons émincés

750 ml (3 tasses) d'eau bouillante

2 pommes de terres en gros cubes

1 c. à soupe de tamari

Jus de 1 lime

125 ml (½ tasse) de haricots verts en morceaux

60 ml (¼ tasse) de crème 35 %

4 c. à soupe de coriandre hachée

Sel de mer

CHAUFFER à feu modéré les huiles et le beurre dans une grande casserole. Faire revenir les épices, le piment, le gingembre et l'oignon 10 min ou jusqu'à ce que ce dernier soit tendre.

INCORPORER l'eau bouillante, la pomme de terre, le tamari et le jus de lime. Saler. Laisser mijoter à couvert 10 min ou jusqu'à ce que la pomme de terre soit cuite.

AJOUTER les haricots verts, la crème et la coriandre hachée. Laisser mijoter encore 2 min pour attendrir les haricots verts. Retirer les morceaux de gingembre au moment de servir.

×

Chaudrée de palourdes

- 375 g (¾ lb) de palourdes entières nettoyées
- 125 ml (½ tasse) de vin blanc
- 3 c. à soupe de beurre
- 2 petits oignons émincés
- 3 branches de céleri émincées
- 500 ml (2 tasses) de grelots coupés en deux ou en trois
- 500 ml (2 tasses) d'eau bouillante
- 7 branches de thym effeuillées
- 2 feuilles de laurier
- 250 ml (1 tasse) de maïs en grains (surgelé ou frais, p. 152)
- 125 ml (½ tasse) de crème 35 %
- Ciboulette hachée
- Paprika fumé
- Sel de mer et poivre du moulin

Chaudrée Manhattan à la tomate

Supprimer la crème et le maïs. Ajouter 375 ml (1 ½ tasse) de tomates en morceaux au moment de cuire les grelots.

METTRE les palourdes dans une grande casserole avec le vin, couvrir et amener à ébullition à feu vif 5 min.

JETER les coquillages qui ne sont pas ouverts. Réserver les palourdes et le jus de cuisson.

CHAUFFER le beurre dans la même casserole. Faire revenir à feu moyen l'oignon et le céleri 5 min, sans les laisser brunir.

AJOUTER les grelots, l'eau bouillante, le thym et le laurier. Cuire de 10 à 15 min, ou jusqu'à ce que les grelots soient *al dente*.

INCORPORER le maïs, les palourdes et leur jus, et laisser mijoter 5 min. Retirer les feuilles de laurier.

VERSER la crème et assaisonner. Servir la chaudrée de palourdes garnie de ciboulette et d'une pincée de paprika.

Thaï aux crevettes

—

3 c. à soupe de pâte de cari vert (ci-dessous)

250 ml (1 tasse) de bébés maïs

4 bok choy en quartiers

500 g (1 lb) de crevettes (21-25)

410 ml (1 ⅔ tasse) de lait de coco

500 ml (2 tasses) d'eau bouillante

250 ml (1 tasse) de pois mange-tout

2 c. à soupe de sauce de poisson Nuoc Mam

1 c. à soupe de sucre de canne

Jus de 1 lime

1 l (4 tasses) de riz basmati ou de riz au jasmin cuit

2 oignons verts ciselés

125 ml (½ tasse) de basilic thaï ou régulier

—

Pâte de cari vert

Réunir 1 c. à soupe de cumin, 2 c. à soupe de coriandre moulue, 2 bâtons de citronnelle (partie blanche seulement), 4 oignons verts, 4 gousses d'ail, 2 piments chili verts épépinés, 2,5 cm (1 po) de gingembre pelé, 250 ml (1 tasse) de coriandre fraîche, 2 c. à soupe d'huile de canola et 2 c. à soupe d'eau dans le bol du robot. Broyer pour obtenir une purée épaisse et lisse. Saler et conserver au réfrigérateur (jusqu'à une semaine) ou au congélateur.

CHAUFFER la pâte de cari dans un wok à feu vif tout en remuant. Mettre les bébés maïs et le bok choy et cuire 2 min.

AJOUTER les crevettes, le lait de coco et l'eau bouillante, puis réduire le feu au minimum et poursuivre la cuisson jusqu'à ce que les crevettes deviennent roses.

INCORPORER les pois mange-tout, la sauce de poisson, le sucre et le jus de lime. Réchauffer quelques minutes.

RÉPARTIR la soupe dans des grands bols individuels. Servir avec une bonne louche de riz, garnir d'oignon vert et de feuilles de basilic thaï.

×

Soupe de poisson à l'estragon

—

- 2 c. à soupe d'huile d'olive
- 1 oignon émincé
- 1 poireau en julienne
- 1 petit bulbe de fenouil en julienne
- 3 tomates en dés
- 60 ml (¼ tasse) de pastis ou de vin blanc
- 1 l (4 tasses) d'eau bouillante
- 500 g (1 lb) de morue fraîche en morceaux
- 2 c. à soupe d'estragon haché
- Jus de 1 lime ou de ½ orange
- 4 croûtons de pain grillés
- Sel de mer et poivre du moulin

—

CHAUFFER l'huile à feu modéré dans une casserole. Faire revenir l'oignon, le poireau et le fenouil quelques minutes pour les colorer.

AJOUTER la tomate et poursuivre la cuisson de 2 à 3 min. Déglacer avec le pastis et faire réduire un peu.

VERSER l'eau bouillante. Ajouter la morue, l'estragon et le jus de lime. Cuire à petits bouillons de 3 à 4 min ou jusqu'à ce que la morue soit cuite. Assaisonner.

SERVIR la soupe de poisson accompagnée de croûtons.

×

Indonésienne au poulet

—

1 c. à soupe d'huile de sésame

2 piments rouges séchés

1 petite gousse d'ail

4 oignons verts ciselés

1 l (4 tasses) de bouillon de poulet ou de dinde (p. 40)

375 ml (1 ½ tasse) de lait de coco

2 c. à soupe de sauce soya

375 g (¾ lb) de poulet en morceaux

250 ml (1 tasse) de nouilles aux œufs cuites

250 ml (1 tasse) de germes de haricots mungo (fèves germées)

750 ml (3 tasses) d'épinards ou de bok choy hachés grossièrement

250 ml (1 tasse) de coriandre hachée

—

CHAUFFER l'huile de sésame à feu modéré-vif dans une casserole. Faire revenir les piments, l'ail et l'oignon vert 10 min.

AJOUTER le bouillon, le lait de coco, la sauce soya et le poulet. Laisser mijoter 10 min ou jusqu'à ce que le poulet soit cuit.

RÉPARTIR les nouilles cuites dans des grands bols individuels. Ajouter les germes de haricots mungo et les épinards. Verser le bouillon avec les morceaux de poulet et garnir chaque bol de coriandre hachée.

×

Thaï à la dinde

—

2 c. à soupe d'huile d'olive

1 poitrine de dinde émincée

1 gros oignon émincé

4 gousses d'ail hachées

1 c. à soupe de
coriandre moulue

1 c. à soupe de gingembre
fraîchement râpé

1,25 l (5 tasses)
d'eau bouillante

1 bâton de citronnelle
(partie blanche) entaillé

Jus de 2 limes

2 branches de
céleri émincées

2 carottes en
fines rondelles

1 panais en fines rondelles

2 c. à soupe de tamari

1 c. à thé d'huile de
sésame grillé

½ piment oiseau
haché finement

3 c. à soupe de
coriandre hachée

Sel de mer et
poivre du moulin

—

CHAUFFER l'huile à feu modéré-vif dans une grande casserole. Faire dorer les morceaux de dinde avec l'oignon et l'ail 5 min.

AJOUTER la coriandre moulue et le gingembre. Faire revenir 2 min.

INCORPORER les autres ingrédients. Laisser mijoter 15 min ou jusqu'à ce que la dinde et les légumes soient cuits. Rectifier l'assaisonnement.

RETIRER le bâton de citronnelle avant de servir.

×

Hongroise au poulet

—

2 c. à soupe d'huile d'olive

1 poitrine de
poulet émincée

1 petit oignon émincé

2 c. à soupe de gingembre
fraîchement râpé

2 c. à thé de paprika
hongrois + 2 c. à thé de
graines de cumin
+ 1 c. à thé de cannelle

1 l (4 tasses)
d'eau bouillante

160 ml (⅔ tasse) de
vin rouge

160 ml (⅔ tasse) de
tomates broyées

250 ml (1 tasse) de
lentilles corail

½ patate douce en julienne

1 pomme de terre
en julienne

½ poivron rouge rôti et pelé,
en dés

Crème sure

Sel de mer

—

CHAUFFER l'huile à feu modéré-vif dans une casserole. Faire revenir le poulet, l'oignon, le gingembre et les épices de 5 à 10 min ou jusqu'à ce que le poulet soit doré.

VERSER l'eau bouillante, le vin, la tomate et les lentilles. Saler. Laisser mijoter 10 min.

AJOUTER la patate douce, la pomme de terre et le poivron. Laisser cuire encore 15 min ou jusqu'à ce que la pomme de terre soit cuite.

SERVIR avec de la crème sure.

×

Soupe tagine de poulet

—

2 c. à soupe d'huile d'olive

2 oignons moyens hachés

2 c. à thé de cari + 1 c. à thé de curcuma + 1 c. à thé de carvi + 1 c. à thé de graines de coriandre moulues

1 piment séché + 1 clou de girofle + 1 pincée de safran

4 hauts de cuisse désossés, en morceaux

160 ml (⅔ tasse) d'abricots séchés

160 ml (⅔ tasse) de raisins de Corinthe

1 l (4 tasses) d'eau bouillante

250 ml (1 tasse) de coriandre hachée

Sel de mer et poivre du moulin

—

CHAUFFER l'huile à feu modéré dans une grande casserole. Faire revenir l'oignon 3 min pour l'attendrir.

AJOUTER les épices, le poulet, les abricots et les raisins. Cuire à feu vif quelques minutes ou jusqu'à ce que le poulet soit doré.

VERSER l'eau bouillante dans la casserole. Baisser le feu et laisser mijoter 20 min ou jusqu'à ce que le poulet soit cuit. Rectifier l'assaisonnement.

GARNIR chaque bol de soupe de coriandre hachée juste avant de servir.

×

Portugaise de haricots blancs au chorizo

—

250 ml (1 tasse) de chorizo tranché

5 gousses d'ail

3 c. à soupe d'huile d'olive

2 oignons émincés

½ à 1 c. à thé de paprika fumé

1 l (4 tasses) d'eau bouillante

500 ml (2 tasses) de haricots rognons blancs cuits

1 branche de céleri émincée

2 branches de thym effeuillées

125 ml (½ tasse) de chou collard ou de chou de Savoie émincés et blanchis

Sel de mer et poivre du moulin

—

PRÉCHAUFFER le four à 200 ºC (400 ºF).

PLACER le chorizo et l'ail sur une plaque recouverte de papier parchemin. Badigeonner les gousses d'ail avec 1 c. à soupe d'huile.

ENFOURNER 10 à 15 min ou jusqu'à ce que le chorizo et l'ail soient rôtis. Réserver.

CHAUFFER 2 c. à soupe d'huile à feu modéré-vif dans une casserole. Faire revenir l'oignon avec le paprika 10 min.

INCORPORER l'eau bouillante, l'ail réservé et 250 ml (1 tasse) de haricots rognons. Laisser mijoter 10 min, puis broyer au mélangeur. Assaisonner.

AJOUTER le céleri, le thym, le reste des haricots rognons et le chorizo rôti. Laisser mijoter quelques minutes pour réchauffer le tout. Rectifier l'assaisonnement.

SERVIR la soupe garnie de chou de Savoie blanchi.

x

Harira à l'agneau

8 personnes

—

2 c. à soupe d'huile d'olive

3 oignons hachés

5 branches de céleri en tronçons de 1 cm (⅜ po)

½ c. à thé de safran
+ 1 c. à thé de curcuma
+ 1 c. à thé de poivre du moulin + 1 bâton de cannelle

2,5 cm (1 po) de gingembre fraîchement râpé

1 kg (2 lb) d'agneau en cubes

3 l (12 tasses) d'eau bouillante

250 ml (1 tasse) de lentilles du Puy

250 ml (1 tasse) de pois chiches trempés toute une nuit

500 ml (2 tasses) de tomates en dés

Zeste et jus de ½ citron bio

250 ml (1 tasse) de coriandre hachée grossièrement

250 ml (1 tasse) de persil haché grossièrement

250 ml (1 tasse) de vermicelles cuits

Sel de mer et poivre du moulin

—

CHAUFFER l'huile à feu moyen-vif dans une grande casserole. Faire revenir l'oignon, le céleri, les épices, le gingembre et les cubes d'agneau 5 min ou jusqu'à ce que l'agneau soit coloré.

VERSER l'eau bouillante, ajouter les lentilles et les pois chiches. Baisser le feu et laisser mijoter 30 min ou jusqu'à ce que les légumineuses soient cuites.

AJOUTER la tomate, le zeste et le jus de citron. Cuire 5 min pour réchauffer le tout.

INCORPORER la coriandre et le persil. Cuire 2 min. Assaisonner.

GARNIR chaque bol de soupe de vermicelles. Verser la harira par-dessus.

×

Bortsch au bœuf

-

250 ml (1 tasse) de bœuf
en cubes

3 c. à soupe d'huile d'olive

1 c. à soupe de beurre

1 oignon émincé

2 c. à soupe d'ail haché

½ c. à thé d'anis moulu
+ ½ c. à thé de graines
de cumin + ½ c. à thé de
graines de carvi

3 clous de girofle + 1 feuille
de laurier

1,25 l (5 tasses)
d'eau bouillante

1 branche de céleri émincée

1 ½ betterave en dés

½ tomate en dés

60 ml (¼ tasse) de
fenouil émincé

125 ml (½ tasse) de chou
vert émincé

1 c. à soupe de vinaigre
balsamique

Crème sure

Aneth haché

Sel de mer et
poivre du moulin

-

POÊLER à feu vif les cubes de bœuf dans
1 c. à soupe d'huile dans une grande
casserole. Transvider dans un bol avec le
jus de cuisson. Réserver.

CHAUFFER 2 c. à coupe d'huile et le beurre
à feu modéré-vif dans la même casserole.
Faire revenir l'oignon et l'ail avec les
épices pour les colorer.

INCORPORER les autres ingrédients,
sauf la crème sure et l'aneth. Baisser le
feu et faire mijoter à couvert 25 min.
Assaisonner.

AJOUTER le bœuf et son jus. Laisser
mijoter encore 25 min ou jusqu'à ce que
la betterave soit complètement cuite.
Rectifier l'assaisonnement et ajouter de
l'eau au besoin.

SERVIR le bortsch avec de la crème sure
et de l'aneth haché.

×

Soupe au bœuf et au chou

—

2 c. à soupe d'huile d'olive

500 g (1 lb) de côte de bœuf

1 oignon émincé

1,25 l (5 tasses)
d'eau bouillante

4 tomates en dés

2 branches de
thym effeuillées

1 petit navet en cubes

1 c. à soupe de beurre

500 ml (2 tasses) de chou
vert émincé

Sel de mer et
poivre du moulin

—

CHAUFFER l'huile à feu vif dans une casserole pour saisir la côte de bœuf de tous les côtés et faire dorer l'oignon.

AJOUTER l'eau bouillante, la tomate et le thym, baisser le feu et laisser mijoter à couvert 45 min.

INCORPORER le reste des ingrédients et cuire encore 15 min ou jusqu'à ce que les légumes soient tendres. Assaisonner.

EFFILOCHER la côte de bœuf. Servir avec les légumes et le bouillon.

×

② salades

& AUX HERB

CTOBER FEST (vel

, a muscade), fèves noi

LA VEUVE BLANCHE

e, céleri-rave, panais

* * * * *

SA

6 personnes

Salade de carottes

500 g (1 lb) de carottes

3 échalotes ou 1 petit oignon rouge émincés

1 c. à thé de graines de cumin

5 c. à soupe d'huile d'olive

Zeste et jus de 1 citron bio

1 c. à thé de gingembre fraîchement râpé

250 ml (1 tasse) de menthe hachée

250 ml (1 tasse) de coriandre hachée

1 c. à thé de graines de sésame

COUPER les carottes en longs rubans à l'aide d'un économe. Déposer la carotte et l'échalote dans un bol. Réserver.

CHAUFFER les graines de cumin dans un poêlon 1 min à feu modéré.

FOUETTER l'huile avec le zeste et le jus de citron, le gingembre et les graines de cumin torréfiées.

VERSER sur la carotte et, au moment de servir, ajouter les herbes fraîches et les graines de sésame.

4 personnes

Salade de chou rouge à la pomme

1 petit chou rouge d'environ 300 g (10 oz)

3 carottes

2 pommes

1 c. à thé de moutarde sèche

2 c. à soupe de vinaigre de Xérès ou de cidre

6 c. à soupe d'huile d'olive

Sel de mer et poivre du moulin

RÂPER le chou, les carottes et les pommes. Déposer dans un grand bol et réserver.

RÉUNIR la moutarde et le vinaigre dans un petit bol. Assaisonner. Verser lentement l'huile en émulsionnant à l'aide d'un fouet pour obtenir une vinaigrette crémeuse.

INCORPORER la vinaigrette au mélange de chou, carottes et pommes. Rectifier l'assaisonnement.

RÉFRIGÉRER 2 h avant de servir.

Salade de tomates et de pêches au cari

—

60 ml (¼ tasse)
d'huile d'olive

Jus de 1 citron

½ c. à thé de cari

1 pincée de sel de mer

125 ml (½ tasse) de persil
plat haché

125 ml (½ tasse)
de coriandre ou de
basilic hachés

2 tomates de vigne
en quartiers

2 pêches dénoyautées
en quartiers

—

Salade de pastèque
au cari

Remplacer la tomate et la
pêche par des cubes de
pastèque, et le jus de citron
par du jus de lime.

—

RÉUNIR l'huile, le jus de citron, le cari, le sel et les herbes dans un petit bol et bien mélanger pour faire une vinaigrette.

RÉPARTIR les tomates et les pêches dans quatre bols individuels. Arroser les fruits de vinaigrette et servir.

×

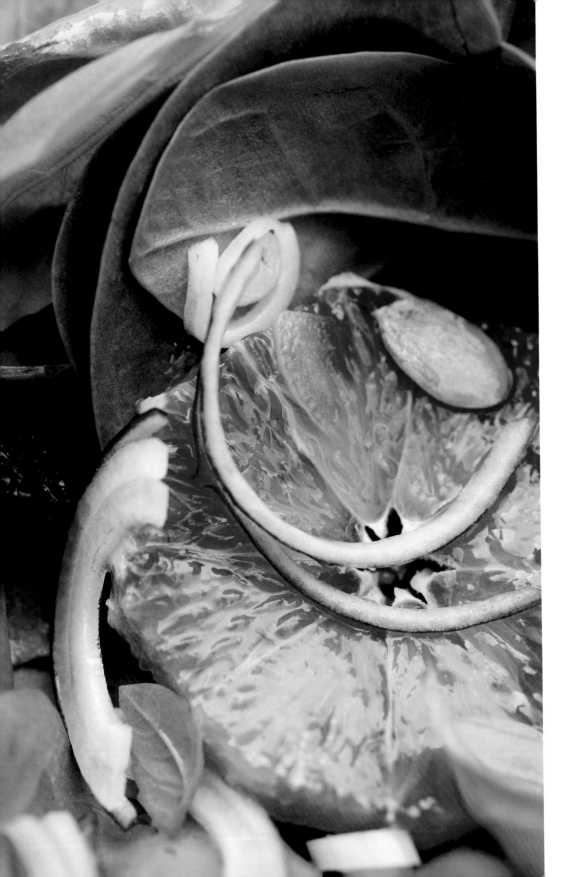

Salade d'oranges sanguines au basilic

-

Vinaigrette

125 ml (½ tasse)
d'huile d'olive

2 c. à soupe de vinaigre
balsamique blanc

1 c. à soupe de jus de lime

1 pincée de flocons de
piment (facultatif)

-

Salade

4 oranges sanguines pelées
à vif, en rondelles

1 petit oignon rouge en
fines rondelles

1,5 l (6 tasses) de
jeunes épinards

250 ml (1 tasse) de
basilic haché

125 ml (½ tasse) de
canneberges séchées

125 ml (½ tasse) de
graines de citrouille

-

FOUETTER dans un grand bol les ingrédients de la vinaigrette.

AJOUTER tous les ingrédients de la salade, sauf les canneberges et les graines de citrouille. Mélanger pour bien répartir la vinaigrette.

RÉPARTIR la salade dans les assiettes. Garnir de canneberges et de graines de citrouille.

×

4 personnes

Salade de mâche à la poire

–

Jus de 1 citron ou
1 c. à soupe de vinaigre
balsamique blanc

2 c. à soupe d'huile d'olive
+ 1 c. à soupe d'huile
de noisette

1 l (4 tasses) de mâche ou
de pourpier

2 poires en fines tranches

120 g (4 oz) de comté
en lamelles

250 ml (1 tasse) de mûres

Sel de mer et
poivre du moulin

–

FOUETTER le jus de citron avec les huiles. Assaisonner. Réserver.

DÉPOSER la mâche et la poire dans un bol de service. Verser la quantité de vinaigrette désirée et touiller délicatement.

GARNIR de comté et de mûres.

×

4 personnes

Carpaccio de zucchini

–

3 à 4 zucchinis moyens
(2 jaunes, 2 verts)

2 c. à soupe d'huile d'olive

Zeste et jus de 1 citron et
de 1 lime bios

1 c. à soupe de miel au
thym (p. 197)

2 c. à soupe d'estragon
ou de sarriette ou de
menthe hachés

Parmesan en copeaux
(facultatif)

Sel de mer et
poivre du moulin

–

COUPER les zucchinis en longs rubans à l'aide d'un économe. Disposer sur une assiette de service et assaisonner.

FOUETTER l'huile, les zestes et jus d'agrumes et le miel dans un petit bol jusqu'à ce que le tout soit homogène. Assaisonner.

ARROSER les rubans de zucchini de sauce. Garnir d'herbes et de parmesan, si désiré.

×

4 personnes

Salade de fenouil et de mangue

–

1 bulbe de fenouil émincé
à la mandoline

1 grosse mangue
(ou 2 petites) en fines
lamelles

Jus de 2 limes

2 c. à soupe d'huile d'olive

60 à 125 ml (¼ à ½ tasse)
d'estragon ou de
basilic ciselés

Sel de mer et
poivre du moulin

–

Variantes

Remplacer la mangue par
2 poires ou 2 pommes
ou 2 pêches blanches ou
2 oranges.

–

MÉLANGER le fenouil, la mangue, le jus
de lime et l'huile d'olive dans un bol.
Assaisonner. Laisser reposer 20 min à
température ambiante.

GARNIR d'herbe fraîche tout juste avant
de servir.

×

4 personnes

Pêches blanches mozzarella

–

3 c. à soupe d'huile d'olive

1 c. à soupe de vinaigre
balsamique blanc

2 boules de mozzarella
fraîche en tranches de
0,5 cm (¼ po)

2 pêches blanches ou
nectarines en quartiers

250 ml (1 tasse) de basilic
ou d'estragon hachés

Sel de mer et
poivre du moulin

–

FOUETTER dans un petit bol l'huile d'olive
et le vinaigre. Assaisonner.

DISPOSER les tranches de mozzarella et
de pêches sur une assiette de service.

GARNIR de basilic. Arroser de vinaigrette.

×

Salade caprese

—

3 à 4 tomates de couleurs différentes en tranches ou en quartiers

1 boule de mozzarella di buffala en tranches

Quelques feuilles d'origan ou de basilic

2 ou 3 c. à soupe d'huile d'olive de qualité supérieure

1 c. à soupe de réduction de vinaigre balsamique (p. 206)

Sel de mer et poivre du moulin

—

DISPOSER les tomates sur une grande assiette ou dans quatre assiettes individuelles. Ajouter la mozzarella.

GARNIR d'herbes. Arroser d'un filet d'huile et de quelques gouttes de réduction de vinaigre balsamique. Assaisonner.

×

Taboulé

—

125 ml (½ tasse) de boulghour

500 ml (2 tasses) d'eau froide

500 ml (2 tasses) de tomates en dés (avec leur jus)

500 ml (2 tasses) de persil bien essoré et haché

250 ml (1 tasse) de menthe bien essorée et hachée

4 oignons verts coupés finement

Jus de 1 à 2 citrons

125 ml (½ tasse) d'huile d'olive

½ c. à thé de cannelle

½ c. à thé de piment de la Jamaïque

Sel de mer et poivre du moulin

—

FAIRE TREMPER le boulghour 10 min dans un bol d'eau froide. Bien égoutter et remettre dans le bol.

INCORPORER les tomates et leur jus au boulghour.

AJOUTER tous les autres ingrédients. Bien mélanger. Assaisonner.

×

Salade grecque

—

1 oignon rouge coupé en six

3 gousses d'ail
hachées finement

Jus de 1 citron

3 branches de
thym effeuillées

6 branches d'origan haché

4 c. à soupe d'huile d'olive

4 tomates coupées en six

3 concombres
libanais tranchés

1 poivron jaune en
gros morceaux

1 cœur de laitue romaine
grossièrement coupé

125 ml (½ tasse) d'olives de
Kalamata dénoyautées

250 ml (1 tasse) de feta de
brebis émiettée

—

Variante

Le basilic grec à petites
feuilles est aussi très bon
dans une salade grecque.
Il est si parfumé qu'il est
presque piquant.

—

GRILLER l'oignon sur un barbecue à feu maximum. Réserver.

RÉUNIR dans un récipient étroit l'ail, le jus de citron, le thym, l'origan et l'huile. Fouetter jusqu'à ce que la vinaigrette soit homogène. Réserver.

RASSEMBLER dans un saladier la tomate, le concombre, le poivron, la laitue et l'oignon rouge grillé. Arroser de vinaigrette et touiller. Parsemer d'olives et de feta.

×

Salade de pastèque à la feta

134

—

1 l (4 tasses) de roquette

750 ml à 1 l (3 à 4 tasses) de pastèque en cubes

Jus de 1 lime

4 c. à soupe d'huile d'olive parfumée (ci-dessous)

¼ oignon rouge émincé ou 1 c. à soupe de ciboulette ciselée

120 g (4 oz) de feta de brebis ou de vache

12 feuilles de menthe ciselées

Sel de mer et poivre du moulin

—

RÉPARTIR la roquette et la pastèque dans des bols individuels.

ARROSER de jus de lime et d'un trait d'huile parfumée.

GARNIR d'oignon rouge, de feta et de menthe. Assaisonner.

×

—

Variantes

Remplacer la pastèque par de la papaye ou un autre melon ou des fraises.

Avec des fraises, remplacer le jus de lime par 2 c. à soupe d'un vinaigre balsamique 12 ans ou d'une réduction de vinaigre balsamique (p. 206).

—

Huile d'olive parfumée

Chauffer doucement 250 ml (½ tasse) d'huile d'olive. Ajouter 2 branches d'une herbe fraîche au choix : romarin, sauge ou thym. Laisser infuser 20 min hors du feu. Une fois les branches retirées, l'huile se conserve plusieurs semaines.

4 personnes

Roquette à la poire et aux raisins

-

1,5 l (6 tasses) de roquette

24 raisins rouges

2 poires en fines tranches

1 bouquet de coriandre

3 c. à soupe d'huile d'olive

1 c. à thé d'huile à l'orange (facultatif)

1 c. à soupe de vinaigre balsamique

Copeaux de pecorino romano

Noisettes en morceaux

Sel de mer et poivre du moulin

-

RASSEMBLER la roquette, les raisins, la poire et la coriandre dans un grand bol.

FOUETTER ensemble les huiles et le vinaigre. Verser sur la salade et mélanger.

ASSAISONNER. Garnir de pecorino et de noisettes.

×

4 personnes

Têtes de violon en salade

—

3 c. à soupe d'huile d'olive

2 gousses d'ail
jeune hachées

500 ml (2 tasses) de têtes
de violon blanchies 1 min

2 panais en
rondelles minces

500 ml (2 tasses) de
pleurotes (ou autres
champignons)

Jus de 1 citron

Sel de mer et
poivre du moulin

—

CHAUFFER l'huile et l'ail dans une poêle à feu modéré. Ajouter les têtes de violon et le panais. Cuire 3 min en remuant.

AJOUTER les pleurotes et cuire de 2 à 3 min pour les faire dorer.

ARROSER les légumes de jus de citron, assaisonner et servir tièdes ou froids.

×

4 personnes

Salade d'épinards et de haloumi grillé

—

225 g (½ lb) de
fromage haloumi

2 c. à soupe d'huile d'olive

1,25 l (5 tasses) de jeunes
épinards ou de cresson

125 ml (½ tasse) de persil
haché grossièrement

1 grenade égrenée

Jus de 1 citron

—

COUPER le fromage en tranches de 0,5 cm (¼ po) d'épaisseur.

CHAUFFER 1 c. à soupe d'huile à feu vif dans un poêlon. Cuire les tranches de haloumi 2 min de chaque côté (sans trop les retourner afin qu'elles soient bien dorées).

DISPOSER la verdure dans les assiettes, arroser d'un filet d'huile et répartir les tranches de haloumi grillées.

GARNIR de persil, parsemer de baies de grenade et rehausser d'un trait de jus de citron.

×

Fenouil grillé, tomates confites et mozzarella en salade

–

1 bulbe de fenouil

Jus de 1 citron

2 c. à soupe d'huile d'olive

3 c. à soupe de parmesan râpé

2 grappes (250 ml / 1 tasse) de tomates cerises

2 boules de mozzarella en tranches

500 ml (2 tasses) de roquette

125 ml (½ tasse) de basilic

Sel de mer et poivre du moulin

–

Variante

On peut également servir le fenouil grillé au parmesan sans les tomates confites et la mozzarella.

–

PRÉCHAUFFER le four à 200 °C (400 °F).

COUPER le fenouil sur la hauteur en tranches de 0,5 cm à 1 cm (¼ à ⅜ po) d'épaisseur.

DÉPOSER les tranches de fenouil sur une plaque. Arroser de jus de citron, d'un trait d'huile et parsemer de parmesan râpé. Couvrir de papier d'aluminium et cuire au four 20 à 25 min.

METTRE les tomates cerises sur une plaque. Arroser d'un trait d'huile et enfourner 15 min sans couvrir.

RETIRER le papier d'aluminium du fenouil et laisser cuire 5 min de plus pour obtenir une légère coloration.

DISPOSER les tranches de fenouil sur une grande assiette. Arroser d'un trait de jus de citron. Garnir de tomates confites et de tranches de mozzarella. Assaisonner.

SERVIR avec de la roquette et des feuilles de basilic. Ajouter un filet d'huile au besoin.

×

4 personnes

Aubergine grillée à la feta

1 aubergine

1 à 2 c. à soupe
d'huile d'olive

120 g (4 oz) de feta de
brebis égrenée

250 ml (1 tasse) de persil
plat haché grossièrement

½ grenade égrenée

Jus de ½ citron

Sel de mer et
poivre du moulin

PRÉCHAUFFER le four à 190 °C (375 °F).

COUPER l'aubergine sur la longueur en
tranches de 1 cm (⅜ po) d'épaisseur.

DÉPOSER les tranches d'aubergine sur une
plaque couverte de papier parchemin.
Assaisonner, arroser d'un trait d'huile et
enfourner 20 min.

RÉPARTIR la feta sur les tranches
d'aubergine et remettre au four 10 min
pour faire fondre le fromage.

GARNIR de persil et de baies de grenade,
arroser de jus de citron.

×

4 à 6 personnes

Maïs grillé

6 épis de maïs avec
leur feuillage

3 c. à soupe de mayonnaise

3 c. à soupe de
parmesan râpé

Cayenne

1 lime en quartiers

CHAUFFER le barbecue à température
maximale.

CUIRE les épis de maïs dans leur feuillage
15 à 20 min sur le barbecue. Vérifier
que les grains soient cuits, puis attendre
15 min afin de les éplucher sans se brûler.

BADIGEONNER de mayonnaise. Saupoudrer
de parmesan et d'une pincée de cayenne.

DÉGUSTER le maïs arrosé d'un trait de jus
de lime.

×

4 personnes

Salade Waldorf

—

3 c. à soupe de raisins
de Corinthe

3 c. à soupe d'eau bouillante

1 pomme Granny Smith
non pelée en bâtonnets

1 pomme Pink Lady
non pelée en bâtonnets

Jus de 1 citron

3 branches de céleri
tranchées finement sur
le biais

2 c. à soupe de feuilles de
céleri hachées

2 endives effeuillées

2 c. à soupe de yogourt

60 ml (¼ tasse) de
mayonnaise

120 g (4 oz) de roquefort en
petits morceaux

3 c. à soupe d'eau bouillante

3 c. à soupe de noix de
Grenoble au tamari et
à l'érable (p. 205)

Sel de mer et
poivre du moulin

—

RÉHYDRATER les raisins dans 3 c. à soupe d'eau bouillante. Laisser gonfler 10 min. Égoutter. Réserver.

METTRE les pommes dans un bol. Ajouter le jus de citron, le céleri, les feuilles de céleri et les endives. Touiller délicatement.

PRÉPARER la vinaigrette en fouettant dans un récipient étroit le yogourt, la mayonnaise et la moitié du roquefort. Ajouter l'eau bouillante en fouettant vigoureusement afin d'obtenir une texture lisse. Assaisonner.

RÉPARTIR la salade dans les assiettes. Parsemer du roquefort restant et arroser d'un trait de vinaigrette. Garnir de noix de Grenoble et de raisins réhydratés.

×

Salade de courge grillée au stilton

—

60 ml (¼ tasse)
d'huile d'olive

1 petite courge musquée en
tranches fines

4 feuilles de sauge

500 ml (2 tasses) de
cresson ou de roquette

120 g (4 oz) de fromage
stilton émietté

2 c. à soupe d'huile de noix
ou de noisette

Muscade fraîchement
moulue

Sel de mer et
poivre du moulin

—

CHAUFFER l'huile à feu modéré dans une poêle antiadhésive et y disposer des tranches de courge. Saler et poivrer.

CUIRE de 3 à 4 min de chaque côté ou jusqu'à ce que la courge soit dorée et tendre, en ajoutant la sauge à mi-cuisson. Réserver.

RÉPARTIR la verdure dans les assiettes. Déposer des tranches de courge. Parsemer de stilton, arroser d'un filet d'huile de noix, assaisonner et ajouter une pincée de muscade.

×

Salade de légumes d'hiver grillés

—

4 panais tranchés sur la longueur

4 carottes tranchées sur la longueur

4 betteraves coupées en trois ou quatre

1 oignon rouge en quartiers

60 ml (¼ tasse) d'huile d'olive

4 gousses d'ail écrasées avec le plat du couteau

Jus de 1 citron

125 ml (½ tasse) de persil plat haché

Copeaux de parmesan

Sel de mer et poivre du moulin

—

PRÉCHAUFFER le four à 200 °C (400 °F).

RÉUNIR tous les légumes dans un grand bol. Ajouter l'huile d'olive et l'ail. Assaisonner. Bien mélanger.

DÉPOSER sur une plaque et couvrir d'un papier aluminium. Cuire de 20 à 25 min ou jusqu'à ce que les légumes soient *al dente*.

DÉCOUVRIR et cuire encore 10 min pour les colorer. Transférer dans un bol de service.

ARROSER de jus de citron, parsemer de persil et garnir de parmesan. Servir.

×

Banane plantain en salade

—

250 ml (1 tasse)
d'huile d'olive

1 banane plantain jaune en
rondelles de 1 cm (⅜ po)

1 pomme verte non pelée
en lamelles

1 branche de céleri
tranchée finement sur
le biais

250 ml (1 tasse) de
coriandre hachée

500 ml (2 tasses) de cresson

1 piment moyen
haché finement

Jus de 1 à 2 limes

Sel de mer et
poivre du moulin

—

CHAUFFER l'huile d'olive à feu modéré dans un poêlon et y déposer les rondelles de banane plantain. Frire 2 à 3 min de chaque côté ou jusqu'à ce qu'elles soient dorées. Déposer sur un papier absorbant et réserver.

MÉLANGER tous les autres ingrédients dans un bol de service. Ajouter la banane plantain, de préférence tiède. Assaisonner et servir.

×

Gourganes et patate douce en salade

150

1 l (4 tasses) de patate douce en cubes de 2 cm (¾ po)

2 c. à soupe d'huile d'olive

2 c. à thé de graines de moutarde

2 c. à thé de graines de cumin

2 c. à thé de gingembre fraîchement râpé

2 gousses d'ail hachées

1 oignon rouge moyen émincé

1 piment oiseau fendu sur la longueur

250 ml (1 tasse) de gourganes écossées blanchies

500 ml (2 tasses) de verdure (jeunes épinards, pissenlit, cresson)

250 ml (1 tasse) de coriandre hachée grossièrement

Jus de 1 lime

Sel de mer et poivre du moulin

Variante

Remplacer les gourganes par des edamames (p. 91) blanchis et écossés.

CUIRE la patate douce dans une grande casserole d'eau bouillante salée 7 min ou jusqu'à ce qu'elle soit *al dente*. Égoutter et réserver.

CHAUFFER l'huile dans une poêle à feu modéré. Faire revenir les graines de moutarde et de cumin, le gingembre, l'ail, l'oignon et le piment 5 min.

AJOUTER la patate douce et faire revenir 7 min ou jusqu'à ce qu'elle soit dorée, en brassant légèrement sans l'écraser. Retirer le piment.

INCORPORER les gourganes et cuire quelques minutes pour réchauffer. Rectifier l'assaisonnement.

DISPOSER la verdure choisie et la coriandre dans les assiettes. Ajouter la patate douce et les gourganes, puis rehausser d'un trait de jus de lime.

Salade cubaine

—

1,25 l (5 tasses) d'eau bouillante

250 ml (1 tasse) de haricots noirs
ou rouges trempés une nuit

2 à 3 branches de thym

1 c. à soupe de graines
de coriandre

500 ml (2 tasses) de tomates
cerises en quartiers

4 c. à soupe d'huile d'olive

1 à 2 mangues mûres et fermes
en cubes

1 avocat en cubes

Jus de 2 limes

½ piment coupé fin

250 ml (1 tasse) de maïs en grains
cuit (surgelé ou frais, ci-dessous)

250 à 500 ml (1 à 2 tasses) de
coriandre hachée grossièrement

½ oignon rouge haché

1 oignon vert haché

Sel de mer et
poivre du moulin

—

Le maïs

En saison, préférez le maïs en épis
au maïs surgelé. Il suffit d'enlever
les grains de l'épi à cru, à l'aide
d'un couteau que l'on fait glisser
le long de la partie dure de l'épi. On
évite ainsi d'avoir à cuire les épis
dans une grande quantité d'eau.

—

VERSER l'eau bouillante dans une
grande casserole. Ajouter les haricots
noirs, le thym et les graines de
coriandre. Cuire environ 1 h, jusqu'à
ce que les haricots soient *al dente*.
Égoutter sans rincer, et réfrigérer
30 min.

METTRE les tomates dans un grand
saladier. Ajouter l'huile, saler et
poivrer. Laisser reposer 10 min.

AJOUTER les haricots noirs et tous
les autres ingrédients. Rectifier
l'assaisonnement.

×

Salade de melon à la fleur d'oranger

–

1 c. à soupe de vinaigre balsamique blanc

1 c. à soupe de sirop d'érable

2 c. à soupe d'eau de fleur d'oranger

3 c. à soupe d'huile d'olive

½ melon charentais ou ½ cantaloup ou 6 pêches en tranches

125 ml (½ tasse) de cresson

125 ml (½ tasse) de jeune bette à carde de couleur hachée grossièrement

12 tranches de bressaola ou de prosciutto

Amandes tranchées grillées

Sel de mer et poivre du moulin

–

FOUETTER le vinaigre, le sirop d'érable, l'eau de fleur d'oranger et l'huile dans un petit bol jusqu'à ce que la vinaigrette soit homogène. Réserver.

RÉPARTIR les tranches de melon dans les assiettes. Garnir de verdure. Arroser de vinaigrette.

GARNIR de bressaola et d'amandes, assaisonner et servir.

×

Salade de riz sauvage et de haricots verts aux fines herbes

—

250 ml (1 tasse) de
riz sauvage

250 ml (1 tasse) de
haricots verts plats

3 c. à soupe de pignons

1 petit oignon rouge émincé

1 poivron rouge en lanières

125 ml (½ tasse) de
menthe hachée

125 ml (½ tasse) d'aneth ou
de basilic ou de coriandre
ou de persil plat hachés

Zeste et jus de 1 citron bio

2 à 3 c. à soupe
d'huile d'olive

Sel de mer et
poivre du moulin

—

CUIRE le riz sauvage selon les indications du fabricant. Égoutter et laisser tiédir.

BLANCHIR les haricots de 3 à 4 min dans l'eau bouillante salée. Refroidir rapidement sous l'eau froide courante pour conserver leur couleur. Réserver.

POÊLER à sec les pignons quelques minutes à feu modéré-vif pour les faire dorer.

DÉPOSER le riz dans un grand bol. Incorporer tous les autres ingrédients. Assaisonner et bien mélanger.

×

Salade de lentilles à l'italienne

—

750 ml (3 tasses) d'eau

250 ml (1 tasse) de lentilles du Puy ou vertes

2 gousses d'ail

250 ml (1 tasse) de tomates confites (ci-dessous)

1 poivron rouge grillé en lanières

1 piment chili coupé finement

Zeste et jus de 1 citron bio

3 c. à soupe d'huile d'olive

250 ml (1 tasse) de basilic ou de persil plat hachés grossièrement

125 ml (½ tasse) de grana padano ou de parmesan en copeaux

Sel de mer et poivre du moulin

—

Tomates confites

Déposer sur une plaque 8 tomates Roma en quartiers ou 250 ml (1 tasse) de tomates cerises. Parsemer de brins de thym, assaisonner et saupoudrer, si désiré, de 2 ou 3 pincées de sucre de canne. Arroser d'un filet d'huile d'olive. Cuire de 15 à 20 min au four à 190 ºC (375 ºF).

Vous pouvez remplacer les tomates confites par 80 ml (⅓ tasse) de tomates séchées tranchées ou par 250 ml (1 tasse) de tomates fraîches à l'huile d'olive.

—

FAIRE BOUILLIR l'eau dans une casserole, saler. Ajouter les lentilles et une gousse d'ail entière. Baisser le feu et laisser mijoter 20 min ou jusqu'à ce que les lentilles soient *al dente*. Égoutter sans rincer.

TRANSFÉRER les lentilles dans un saladier. Ajouter tous les autres ingrédients, dont une gousse d'ail hachée finement. Assaisonner et bien mélanger.

×

Salade de lentilles à la feta et aux raisins

—

750 ml (3 tasses) d'eau

250 ml (1 tasse) de lentilles du Puy ou vertes

2 gousses d'ail (1 entière et 1 hachée)

1 piment chili coupé finement

Zeste et jus de 1 citron bio

250 ml (1 tasse) de coriandre hachée grossièrement

375 ml (1 ½ tasse) de raisins verts en quartiers

250 ml (1 tasse) de feta grecque en gros morceaux

3 c. à soupe d'huile d'olive

—

Marinade pour steak

1 petit oignon râpé, 1 c. à soupe de vinaigre de vin ou de Xérès, 1 c. à soupe de sumac, 1 c. à soupe de graines de coriandre broyées et 1 pincée de piment de la Jamaïque. Faire mariner le steak de flan ou la bavette 2 h au réfrigérateur.

FAIRE BOUILLIR l'eau dans une casserole. Ajouter les lentilles et une gousse d'ail entière. Laisser mijoter 20 min ou jusqu'à ce que les lentilles soient *al dente*.

ÉGOUTTER sans rincer. Laisser tiédir.

DÉPOSER tous les autres ingrédients, dont la deuxième gousse d'ail, hachée, dans un saladier. Incorporer délicatement les lentilles.

DÉGUSTER la salade de lentilles tiède ou froide, seule ou garnie de tranches de steak mariné grillé au barbecue (ci-dessous).

×

4 personnes

Salade de quinoa à la betterave

—

500 ml (2 tasses)
d'eau bouillante

1 betterave moyenne en dés

250 ml (1 tasse) de quinoa
rouge soigneusement rincé

1 pomme Granny Smith non
pelée en allumettes

60 ml (¼ tasse) de noisettes
hachées grossièrement

1 c. à soupe de vinaigre
de cidre

2 c. à soupe d'huile d'olive

125 ml (½ tasse) de persil
plat haché

1 c. à soupe de
menthe hachée

1 c. à soupe de
coriandre hachée

Sel de mer et
poivre du moulin

—

Variante

Les noisettes peuvent
être remplacées par des
pistaches, pour un joli
contraste de couleurs.

—

VERSER l'eau bouillante dans une grande casserole. Cuire la betterave 15 min à feu modéré ou jusqu'à ce qu'elle soit *al dente*. Retirer la betterave en gardant l'eau de cuisson.

DÉPOSER le quinoa dans la casserole contenant l'eau de cuisson de betterave. Cuire à feu doux 15 min ou jusqu'à ce que le quinoa soit cuit. Égoutter.

RASSEMBLER tous les ingrédients dans un saladier. Assaisonner, touiller et servir.

×

4 à 6 personnes

Salade d'agneau à la tomate et à la feta

–

800 g (1 ¾ lb) de
steak d'agneau

4 c. à soupe d'huile d'olive

3 c. à soupe de miel

2 c. à soupe de vinaigre
de cidre

4 oignons verts ciselés

6 tomates Roma coupées
en six

8 dattes Medjool coupées
en six

125 ml (½ tasse) de
persil italien

125 ml (½ tasse)
de coriandre

125 ml (½ tasse)
de roquette

150 g (5 oz) de feta
en morceaux

15 olives noires
dénoyautées

Sel de mer et
poivre du moulin

–

PRÉCHAUFFER le four à 200 ºC (400 ºF).

RETIRER le gras et assaisonner l'agneau.

CHAUFFER 1 c. à soupe d'huile à feu vif dans un poêlon pouvant aller au four. Faire revenir la viande 2 min de chaque côté, puis mettre au four de 4 à 10 min (4 min pour un résultat saignant, 10 min pour un résultat bien cuit). Transférer dans un plat et garder au chaud dans le four éteint.

VERSER le miel dans le poêlon encore chaud. Replacer sur le feu modéré et attendre que le miel fasse des bulles. Ajouter le vinaigre et 3 c. à soupe d'huile.

METTRE l'oignon vert, la tomate et les dattes dans le poêlon. Faire revenir 1 min pour réchauffer le tout.

RÉPARTIR les verdures et la poêlée de tomate et de dattes dans les assiettes. Sortir l'agneau du four, le trancher et le déposer sur la salade. Garnir de feta et d'olives noires.

×

4 personnes

Salade de nouilles soba, bok choy et tofu

—

3 c. à soupe d'huile
de sésame

2,5 cm (1 po) de gingembre
fraîchement râpé

3 gousses d'ail hachées

1 piment fort
haché finement

1 c. à thé de cari

125 ml (½ tasse) de tofu
ferme biologique en cubes

1 oignon moyen émincé

1 carotte en allumettes

5 shiitakes tranchés

2 bok choy en quartiers

250 ml (1 tasse) de
menthe hachée

Jus de 1 lime

500 g (1 lb) de nouilles soba,
cuites et rincées

2 c. à soupe d'arachides ou
de graines de sésame

Sel de mer et
poivre du moulin

—

Variante

Au lieu de mélanger le tofu
et les graines de sésame
à la salade, préparer les
schnitzels de tofu (p. 217)
séparément, comme sur
la photo.

—

CHAUFFER l'huile à feu vif dans un wok. Faire revenir le gingembre, l'ail, le piment, le cari et le tofu 1 min en remuant.

AJOUTER l'oignon. Cuire 2 min en remuant.

METTRE la carotte et 1 c. à soupe d'eau. Cuire 3 min ou jusqu'à ce que la carotte soit tendre.

INCLURE les shiitakes et le bok choy, et cuire 2 min.

INCORPORER la menthe et le jus de lime. Retirer du feu. Ajouter les nouilles et mélanger doucement.

SERVIR la salade de nouilles soba tiède ou froide, garnie d'arachides ou de graines de sésame.

×

Salade niçoise

500 ml (2 tasses) de
haricots verts

500 ml (2 tasses) de grelots
coupés en deux

½ c. à soupe de moutarde
de Dijon

½ c. à soupe de vinaigre
de vin rouge

Jus de ½ citron

60 ml (¼ tasse)
d'huile d'olive

¼ à ½ oignon rouge haché

8 à 10 anchois
blancs marinés

Sel de mer et
poivre du moulin

Les petits
anchois blancs

Rares et délicieux, on
les achète au rayon frais
des épiceries italiennes,
portugaises, espagnoles…
On pourrait les remplacer
par des sardines ou
quelques cuillérées de
chiquetaille de morue
(p. 173).

BLANCHIR les haricots de 3 à 4 min dans l'eau bouillante salée et les retirer à l'aide d'une pince ou d'une écumoire. Refroidir rapidement sous l'eau froide courante pour conserver leur couleur. Réserver.

METTRE les grelots dans la même eau bouillante et cuire 5 min ou jusqu'à ce qu'ils soient *al dente*. Égoutter sans rincer.

MÉLANGER la moutarde, le vinaigre et le jus de citron dans un grand bol. Ajouter l'huile en un mince filet tout en émulsionnant à la fourchette.

AJOUTER les grelots encore tièdes et les enrober de vinaigrette. Incorporer l'oignon et les haricots froids. Assaisonner.

SERVIR la salade tiède ou froide, garnie d'anchois blancs marinés.

4 personnes

Salade de grelots et de haricots

—

3 c. à soupe d'huile d'olive

1 c. à thé de paprika fumé

1 branche de céleri en dés très fins

1 l (4 tasses) d'eau bouillante

500 ml (2 tasses) de haricots (jaunes ou verts ou les deux)

500 ml (2 tasses) de grelots coupés en deux

Jus de 1 citron

1 c. à soupe de feuilles de céleri hachées

3 oignons verts tranchés sur le biais

250 ml (1 tasse) de mâche ou autre verdure

Sel de mer et poivre du moulin

—

METTRE l'huile, le paprika et le céleri dans un grand bol. Mélanger. Réserver.

BLANCHIR les haricots de 3 à 4 min et les retirer à l'aide d'une pince ou d'une écumoire. Refroidir rapidement sous l'eau froide courante pour conserver leur couleur. Réserver.

PLONGER les grelots dans la même eau bouillante, et les cuire 5 min ou jusqu'à ce qu'ils soient *al dente*. Égoutter sans rincer.

TRANSFÉRER les grelots chauds dans le bol contenant le céleri, arroser de jus de citron, puis touiller doucement pour ne pas les écraser.

AJOUTER les feuilles de céleri, l'oignon vert, les haricots et la mâche. Assaisonner.

×

Salade de figues au chorizo

–

1 c. à soupe d'huile d'olive

1 chorizo en rondelles de 1 cm (⅜ po)

2 gousses d'ail jeune

8 figues séchées de Turquie

125 ml (½ tasse) de vinaigre de Xérès

125 ml (½ tasse) de vinaigre balsamique blanc

250 ml (1 tasse) de sucre de canne

250 ml (1 tasse) d'eau

1 bâton de cannelle

2 clous de girofle

750 ml (3 tasses) de cresson

–

CHAUFFER l'huile à feu modéré-vif dans un poêlon. Faire revenir le chorizo et l'ail 3 min ou jusqu'à coloration de la saucisse.

METTRE les figues dans une petite casserole avec les vinaigres, le sucre, l'eau, la cannelle et les clous de girofle. Chauffer à feu doux 10 min pour réhydrater les figues.

RÉPARTIR le cresson dans les assiettes. Garnir de chorizo, disposer les figues tièdes, arrosées de leur jus, et déguster.

×

Salade de tomates cerises et de bleuets au chorizo

—

750 ml (3 tasses) de tomates cerises coupées en deux

60 ml (¼ tasse) + 1 c. à soupe d'huile d'olive

1 chorizo en rondelles de 1 cm (⅜ po)

2 gousses d'ail jeune

250 ml (1 tasse) de bleuets

125 ml (½ tasse) de menthe hachée grossièrement

250 ml (1 tasse) de persil plat haché grossièrement

2 c. à soupe de vinaigre balsamique blanc ou jus de ½ citron

Sel de mer et poivre du moulin

—

Variante

La salade de tomates et de bleuets est aussi délicieuse sans chorizo, seule ou accompagnée de feta ou de mozzarella.

—

METTRE les tomates dans un grand bol, ajouter 60 ml (¼ tasse) d'huile, saler et poivrer et laisser mariner 10 min.

CHAUFFER 1 c. à soupe d'huile à feu modéré-vif dans un poêlon. Faire revenir le chorizo et l'ail 3 min ou jusqu'à coloration de la saucisse. Réserver.

AJOUTER les bleuets aux tomates en mélangeant délicatement pour ne pas les écraser. Incorporer la menthe, le persil et le vinaigre. Assaisonner.

SERVIR la salade surmontée de rondelles de chorizo grillées.

×

Salade de prunes et de poulet au sésame

—

3 c. à soupe d'huile d'olive

1 c. à soupe de vinaigre balsamique blanc

Jus de 1 citron

4 prunes fermes et mûres coupées en six

160 ml (⅔ tasse) de menthe hachée grossièrement

750 ml (3 tasses) de jeunes épinards ou de mâche

1 recette de schnitzels de poulet (ci-dessous)

Sel de mer et poivre du moulin

—

Schnitzels de poulet

Déposer une poitrine de poulet taillée en aiguillettes et assaisonnée dans la marinade des schnitzels de tofu (p. 217). Enrober ensuite les aiguillettes marinées de farine, d'œuf et de sésame avant de les faire frire.

—

VERSER l'huile, le vinaigre et le jus de citron dans un récipient étroit. Fouetter en vinaigrette et réserver.

DÉPOSER les prunes, la menthe et les épinards dans un bol. Assaisonner, arroser de vinaigrette et touiller.

DRESSER les assiettes en répartissant le poulet sur la salade. Servir.

×

Chiquetaille de morue

—

500 g (1 lb) de morue salée

125 ml (½ tasse)
d'huile d'olive

250 ml (1 tasse) de vinaigre
balsamique blanc

250 ml (1 tasse) de chou
vert râpé

125 ml (½ tasse) de
carotte râpée

4 échalotes émincées

2 gousses d'ail émincées

1 piment scotch bonnet (ou
1 petit piment fort) émincé
(utiliser des gants)

—

DESSALER la morue : laisser tremper une nuit dans 3 l (12 tasses) d'eau ; changer l'eau et faire bouillir le poisson 10 min ; recommencer l'opération après avoir de nouveau changé l'eau. Égoutter. Réfrigérer.

MÉLANGER tous les autres ingrédients dans un bol et laisser reposer 2 h à la température ambiante.

DÉCHIQUETER la morue refroidie à l'aide de deux fourchettes et incorporer à la marinade.

UTILISER la chiquetaille de morue pour rehausser le goût d'un avocat, d'une salade, d'un riz, etc.

Elle est aussi délicieuse en tapas, tartinée sur du pain grillé. Bien couverte de marinade, elle se garde 1 mois au réfrigérateur.

×

Salade de pappardelle aux tomates et aux asperges

—

16 asperges moyennes

375 ml (1 ½ tasse) de tomates en quartiers

3 c. à soupe d'huile d'olive

Zeste et jus de 1 citron bio

8 branches d'origan effeuillées et hachées

500g (1 lb) de pappardelle aux œufs

Sel de mer et poivre du moulin

—

FAIRE BOUILLIR de l'eau dans une grande casserole. Saler. Blanchir les asperges, seulement 3 min pour qu'elles restent croquantes.

REFROIDIR rapidement les asperges sous l'eau pour qu'elles gardent leur couleur. Les couper en trois.

MÉLANGER les tomates avec 1 c. à soupe d'huile dans un petit bol. Saler et poivrer.

METTRE le jus et le zeste de citron dans un grand bol de service. Ajouter l'origan et 2 c. à soupe d'huile. Assaisonner et mélanger.

CUIRE les pâtes selon les indications du fabricant ou jusqu'à ce qu'elles soient *al dente*. Égoutter sans rincer, transférer dans le grand bol et bien mélanger.

GARNIR de tomates et d'asperges. Servir la salade tiède ou froide.

×

Orecchiette en salade au canard et au rapini

—

500 g (1 lb) d'orecchiette ou autres pâtes courtes

2 à 3 c. à soupe d'huile d'olive

1 blanc de poireau émincé

250 ml (1 tasse) de rapini blanchi, en tronçons de 2,5 cm (1 po)

2 cuisses de canard confit effilochées

2 c. à soupe de jus de lime

Flocons de piment au goût (facultatif)

Sel de mer et poivre du moulin

—

CUIRE les pâtes selon les indications du fabricant ou jusqu'à ce qu'elles soient *al dente*. Égoutter en réservant environ 125 ml (½ tasse) d'eau de cuisson.

CHAUFFER à feu doux 1 c. à soupe d'huile dans un grand poêlon. Faire revenir le poireau avec 1 c. à soupe d'eau 3 min pour l'attendrir.

AJOUTER le rapini blanchi et le canard. Cuire 3 min en mélangeant jusqu'à ce que le tout soit chaud.

INCORPORER les pâtes égouttées dans le poêlon.

ARROSER de jus de lime, ajouter de l'huile au besoin ou de l'eau de cuisson des pâtes. Assaisonner et pimenter, si désiré. Servir tiède ou froid.

×

Salade de farfalle au homard

—

2 c. à soupe d'huile d'olive

2 poireaux émincés

Jus de 2 limes

12 asperges coupées en trois

500 ml (2 tasses) de tomates cerises coupées en deux

125 ml (½ tasse) d'estragon effeuillé + 4 à 5 branches entières

125 ml (½ tasse) de pastis

500 g (1 lb) de farfalle ou autres pâtes courtes

Chair de 2 homards cuits ou de 4 à 6 pinces de crabe

2 c. à soupe de beurre fondu

—

CHAUFFER l'huile à feu doux dans un grand poêlon. Faire revenir le poireau 3 min avec 1 c. à soupe d'eau.

VERSER 80 ml (⅓ tasse) d'eau et le jus de lime. Ajouter les asperges et cuire 2 min.

AJOUTER les tomates et l'estragon effeuillé. Continuer la cuisson encore 2 min et mouiller avec le pastis. Réserver.

CUIRE les pâtes selon les indications du fabricant ou jusqu'à ce qu'elles soient *al dente*. Égoutter en réservant un peu d'eau de cuisson.

INCORPORER les pâtes au contenu du poêlon. Utiliser un peu d'eau de cuisson des pâtes (environ 3 c. à soupe) pour bien incorporer la sauce aux pâtes.

MÉLANGER la chair de homard au beurre fondu dans un petit bol.

RÉPARTIR les pâtes tièdes dans les assiettes, garnir de homard. Décorer d'une branche d'estragon et servir.

×

③

sandwichs

4 à 6 personnes

Croustilles de pita

–

2 c. à soupe d'huile d'olive

1 c. à soupe de sumac ou de cumin

4 pains pita coupés en triangles

–

PRÉCHAUFFER le four à 190 ºC (375 ºF).

MÉLANGER l'huile d'olive et le sumac, et badigeonner les pains pita.

CUIRE au four de 7 à 8 min ou jusqu'à ce que les pitas soient dorés.

×

4 à 6 personnes

Muhammara — purée de poivron

–

250 ml (1 tasse) de noix de Grenoble ou de pacanes

1 c. à thé de graines de cumin

3 poivrons rouges grillés

2 c. à soupe d'huile d'olive

1 c. à soupe de mélasse de grenade (ci-dessous)

1 pincée de cayenne ou ½ piment épépiné

1 c. à soupe d'eau

½ tranche de pain grillé sans la croûte

Sel de mer

–

La mélasse de grenade

Sucrée et acidulée, elle peut remplacer une réduction de balsamique (p. 206) sur un poisson grillé ou dans un dessert. On l'achète dans les épiceries orientales.

–

POÊLER à sec les noix et le cumin jusqu'à ce que les noix soient dorées et odorantes.

BROYER les noix avec les autres ingrédients au robot, en ajoutant du pain pour épaissir et obtenir une texture tartinable. Saler au goût.

×

Tartine de baba ganoush à la mozzarella

188

—

2 boules de mozzarella en tranches

2 ciabattas tranchées

125 ml (½ tasse) de baba ganoush (ci-contre)

1 c. à soupe de gremolata (p. 55)

8 feuilles de basilic

—

ESSUYER les tranches de mozzarella pour ne pas mouiller le pain.

DÉPOSER la mozzarella sur le pain, garnir de baba ganoush, d'un peu de gremolata et de quelques feuilles de basilic.

×

Baba ganoush — caviar d'aubergine

—

2 c. à soupe d'huile d'olive

1 aubergine pelée, en rondelles épaisses

Jus de 1 citron

1 c. à soupe de yogourt 10 % (facultatif)

Sel de mer et poivre du moulin

—

Variantes

Amusez-vous à aromatiser le baba ganoush :

à la syrienne, en ajoutant 1 c. à soupe de mélasse de grenade (p. 186) ;

à la grecque, en ajoutant 1 c. à soupe de feta ;

à la libanaise, en ajoutant 1 c. à soupe de tahini.

—

HUILER les rondelles d'aubergine, saler et poivrer. Cuire au barbecue à feu modéré ou à la poêle de 4 à 5 min de chaque côté ou jusqu'à ce qu'elles soient dorées. Laisser tiédir.

ÉCRASER à la fourchette ou au robot pour obtenir une purée plus ou moins grossière. Assaisonner au goût. Incorporer un peu de jus de citron et du yogourt, si désiré.

SERVIR avec des croustilles de pita (p. 186) ou en tartinade dans un sandwich.

×

Oignon rouge mariné

Émincer un oignon rouge et mettre
dans un petit bol. Ajouter 4 c. à soupe
de vinaigre balsamique blanc ou de
Xérès. Mélanger et laisser mariner 1 h à
la température ambiante. Se conserve
au réfrigérateur dans un récipient
hermétique de 1 à 2 semaines.

4 personnes

Hoummos — purée de pois chiches

—

500 ml (2 tasses) de pois chiches cuits

Zeste et jus de 1 citron bio

125 ml (½ tasse) d'huile d'olive

2 gousses d'ail

1 c. à soupe de tahini

1 c. à thé de cumin

Sel de mer et poivre du moulin

—

RÉDUIRE tous les ingrédients en purée lisse au robot. Assaisonner.

SERVIR avec des croustilles de pita (p. 186) ou en tartinade dans un sandwich.

×

4 personnes

Tartine de hoummos aux dattes

—

375 ml (1 ½ tasse) de hoummos (ci-dessus)

4 tranches de pain grillées

1 poivron rouge grillé en lanières

80 ml (⅓ tasse) d'oignon rouge mariné (ci-contre)

6 dattes Medjool en quartiers

250 ml (1 tasse) de jeunes épinards ou de cresson ou de roquette

Zeste de citron bio (facultatif)

—

TARTINER 3 c. à soupe de hoummos sur chaque tranche de pain.

GARNIR de quelques lanières de poivron et d'oignon rouge mariné, de dattes, de verdure et de zeste de citron, si désiré.

×

Sandwich de légumes grillés au chèvre

3 à 4 personnes

—

½ aubergine en tranches

2 c. à soupe d'huile d'olive

½ poivron

1 courgette en tranches sur la longueur

1 baguette tranchée sur la longueur

2 c. à soupe de mayonnaise mélangée à 1 c. à thé de pesto

60 g (2 oz) de chèvre frais ou 2 boules de mozzarella fraîche en tranches

6 brins de ciboulette

6 à 8 feuilles de basilic ou 2 à 3 branches d'origan effeuillées

Sel de mer et poivre du moulin

—

PRÉCHAUFFER le four à 190 °C (375 °F).

DÉPOSER les tranches d'aubergine sur une plaque recouverte de papier parchemin. Assaisonner et arroser de 1 c. à soupe d'huile. Ajouter le demi-poivron face contre la plaque.

ENFOURNER 25 min ou jusqu'à ce que l'aubergine et le poivron soient grillés. Laisser refroidir, peler le poivron et le couper en lanières.

DÉPOSER la courgette sur une autre plaque. Assaisonner et arroser de 1 c. à soupe d'huile. Enfourner 10 min.

TARTINER un côté de la baguette de mayonnaise au pesto. Disposer les tranches d'aubergine, de poivron, de courgette, de chèvre et garnir d'herbes.

REFERMER et trancher selon le nombre de portions désirées.

×

Tartine de chèvre à la purée d'abricots séchés

194

—

250 ml (1 tasse)
d'abricots séchés

80 ml (⅓ tasse)
d'eau bouillante

1 c. à thé de vinaigre
balsamique blanc

4 tranches de pain de grains
entiers grillées

250 ml (1 tasse) de
chèvre frais

8 brins de ciboulette

125 ml (½ tasse) de basilic
en chiffonnade

375 ml (1½ tasse)
de roquette

—

Variante

Remplacer les abricots
par des poires séchées
et le vinaigre balsamique
blanc par un autre vinaigre
blanc fin (de poire ou de
champagne).

—

RÉHYDRATER les abricots séchés en les mettant 10 min dans un bol avec l'eau bouillante.

BROYER au mélangeur. Ajouter le vinaigre et réserver.

TARTINER le pain grillé de chèvre. Garnir de purée d'abricots, de ciboulette, de basilic et de roquette.

×

Tartine de brie aux pêches blanches

–

1 nectarine ou 1 pêche
blanche en tranches

1 c. à thé de vinaigre
balsamique blanc

2 tranches de pain

4 tranches de brie à
température ambiante

3 c. à soupe de noisettes
hachées grossièrement

8 feuilles de basilic ou de
menthe ciselées

Sel de mer et
poivre du moulin

–

PLACER les tranches de nectarine dans un petit bol. Arroser d'un trait de vinaigre balsamique blanc et touiller délicatement. Saler et poivrer légèrement.

DÉPOSER 2 tranches de brie sur chaque tranche de pain. Couvrir de tranches de pêche et garnir de noisettes et de basilic.

×

2 personnes

Tartine de brie aux asperges

–

2 tranches de pain

4 tranches de brie à
température ambiante

6 asperges blanchies 3 min
et passées sous l'eau froide

1 c. à soupe de miel au thym
(ci-contre)

3 c. à soupe de pacanes au
tamari et à l'érable (p. 205)

8 feuilles de basilic

–

DÉPOSER sur chaque tranche de pain 2 tranches de brie et 3 asperges.

GARNIR de miel, de pacanes et de basilic.

×

Miel au thym

Chauffer doucement 3 c. à soupe de miel et 2 branches de thym dans une petite casserole, environ 5 min sans laisser bouillir. Retirer du feu et laisser reposer un peu avant d'utiliser dans un sandwich.

Tartine de camembert chaud aux champignons

–

1 camembert

1 c. à soupe de beurre ou d'huile d'olive

500 ml (2 tasses) de champignons de toutes sortes

1 gousse d'ail hachée

60 ml (¼ tasse) de vin blanc sec (facultatif)

180 ml (¾ tasse) de noix de Grenoble ou de pacanes au tamari et au miel (p. 205)

60 ml (¼ tasse) de persil plat haché

1 c. à thé d'huile de truffe (facultatif)

1 petite miche de pain en tranches

Sel de mer et poivre du moulin

–

PRÉCHAUFFER le four à 180 °C (350 °F).

PLACER le fromage dans un plat allant au four et cuire 20 min ou jusqu'à ce qu'il soit bien fondu. Au sortir du four, percer le centre du camembert à l'aide de la pointe d'un couteau pour que le fromage fondu, au centre, s'écoule.

CHAUFFER le beurre dans une poêle à feu modéré-vif et faire colorer les champignons 2 à 3 min.

AJOUTER l'ail et assaisonner. Continuer la cuisson 1 min, puis déglacer avec le vin, si désiré. Poursuivre la cuisson 2 min. Retirer du feu.

INCORPORER les noix et le persil aux champignons, puis déposer le tout sur le camembert chaud. Arroser d'un trait d'huile de truffe, si désiré, et déguster avec du pain.

×

Tartine de portobellos aux épinards

—

4 champignons portobellos sans les pieds

4 gousses d'ail en lamelles

3 c. à soupe d'huile d'olive

Jus de 1 citron

1 c. à soupe de feuilles de thym

500 ml (2 tasses) de jeunes épinards

150 g (5 oz) de fromage taleggio en tranches

4 tranches de pain grillées

Vinaigre balsamique vieilli ou réduit (p. 206)

—

PRÉCHAUFFER le four à 200 °C (400 °F).

PLACER les champignons sur une plaque recouverte de papier parchemin, face bombée vers le bas. Parsemer de lamelles d'ail et réserver.

FOUETTER à la fourchette l'huile, le jus de ½ citron et le thym dans un petit bol. Verser sur les champignons. Enfourner 10 min.

GARNIR les champignons d'épinards et de tranches de taleggio, et remettre au four 6 min ou jusqu'à ce que le fromage soit fondu.

DÉPOSER les champignons sur les tranches de pain. Arroser du jus de citron restant et d'un trait de vinaigre balsamique.

×

Grilled cheese fontina et champignons

—

2 c. à soupe de beurre

1 c. à soupe d'huile d'olive

375 ml (1 ½ tasse) de champignons (chanterelles, pleurotes, café ou portobello)

1 gousse d'ail hachée

1 c. à thé de romarin haché

4 tranches de pain

2 tranches de fontina ou de taleggio

1 c. à thé d'huile de truffe (facultatif)

—

CHAUFFER le beurre et l'huile à feu vif dans une grande poêle. Cuire les champignons quelques minutes afin qu'ils soient dorés.

RÉDUIRE le feu. Ajouter l'ail et le romarin. Cuire encore 5 min.

RÉPARTIR les champignons sur deux tranches de pain. Ajouter le fromage. Recouvrir des autres tranches de pain.

GRILLER le sandwich à la poêle ou dans un gril à sandwich de 3 à 4 min de chaque côté ou jusqu'à ce que le fromage soit bien fondu et le pain bien doré.

OUVRIR délicatement le sandwich et verser quelques gouttes d'huile de truffe à l'intérieur, si désiré. Refermer et déguster.

x

Grilled cheese gouda et chou rouge

—

250 ml (1 tasse) de chou rouge finement haché

1 c. à thé de cumin

1 c. à soupe de sucre de canne

60 ml (¼ tasse) de vinaigre de cidre

9 tranches de gouda

6 tranches de pain

Sel de mer et poivre du moulin

—

METTRE le chou dans un bol. Incorporer le cumin, le sucre et le vinaigre de cidre. Assaisonner. Laisser mariner 1 h à température ambiante pour attendrir le chou.

PLACER 3 tranches de gouda entre 2 tranches de pain.

GRILLER à la poêle à feu modéré ou dans un gril à sandwich de 3 à 4 min de chaque côté ou jusqu'à ce que le fromage soit bien fondant et le pain bien grillé.

SÉPARER doucement les tranches de pain et insérer environ 80 ml (⅓ tasse) de salade de chou dans chaque sandwich. Refermer et déguster.

×

Pizza poire et roquefort

–

2 c. à soupe d'huile d'olive

1 poireau haché finement

1 c. à soupe d'eau

2 pains pita fins de 15 cm (6 po) de diamètre

90 g (3 oz) de roquefort émietté

1 poire en tranches fines, arrosée de 1 c. à thé de jus de citron

3 c. à soupe de pacanes au tamari et à l'érable (ci-dessous)

60 ml (¼ tasse) de roquette

Sel de mer et poivre du moulin

–

Noix au tamari

Chauffer 125 ml (½ tasse) de pacanes ou de noix de Grenoble à feu modéré dans une poêle. Verser 1 à 2 c. à soupe de sirop d'érable ou de miel, brasser jusqu'à évaporation. Ajouter 1 c. à thé de tamari, brasser et retirer immédiatement du feu.

–

PRÉCHAUFFER le four à 200 °C (400 °F).

CHAUFFER 1 c. à soupe d'huile à feu modéré dans un poêlon. Ajouter le poireau et l'eau. Cuire 10 min. Réserver.

HUILER légèrement les pains pita avec le reste de l'huile. Répartir la moitié du roquefort et le poireau. Ajouter les tranches de poire et le reste du roquefort.

CUIRE au four 4 min ou jusqu'à ce que le fromage soit fondu.

GARNIR les pizzas de pacanes et de roquette à la sortie du four. Assaisonner et servir.

×

Pizza figues et prosciutto

—

1 pain pita ou autre pain fin
ou 1 pâte à pizza précuite
de 15 cm (6 po) de diamètre

2 c. à soupe d'huile d'olive

2 c. à soupe de chèvre
frais émietté

5 tranches fines
de prosciutto

250 ml (1 tasse) de figues
fraîches en quartiers

Quelques feuilles de
roquette et de basilic

1 c. à soupe de réduction
de vinaigre balsamique
(ci-dessous)

Sel de mer et
poivre du moulin

—

Réduction de vinaigre balsamique

Verser dans une petite
casserole 125 ml (½ tasse)
de vinaigre balsamique
et 3 c. à soupe de sucre
de canne. Chauffer à feu
modéré 10 min, jusqu'à ce
que le liquide colle un peu
au dos de la cuillère. Laisser
épaissir au réfrigérateur 1 h.

—

PRÉCHAUFFER le four à 200 °C (400 °F).

HUILER légèrement le pain pita. Parsemer de fromage de chèvre. Garnir de prosciutto et cuire au four de 3 à 4 min pour faire fondre le fromage.

AJOUTER les figues, la roquette et le basilic. Saler et poivrer.

VERSER un filet d'huile et la réduction de vinaigre balsamique. Servir aussitôt.

×

Pizza tomate et mozzarella

–

1 pain pita fin ou 1 pâte à pizza précuite de 15 cm (6 po) de diamètre

1 c. à soupe d'huile d'olive

1 boule de mozzarella di buffala en tranches

250 ml (1 tasse) de tomates cerises coupées en deux

125 ml (½ tasse) de basilic haché grossièrement

125 ml (½ tasse) de roquette

Sel de mer et poivre du moulin

–

PRÉCHAUFFER le four à 200 °C (400 °F).

HUILER légèrement le pain pita. Faire dorer au four 3 à 4 min.

ESSUYER les tranches de mozzarella pour ne pas mouiller le pain. Sortir le pita du four et disposer les tranches de mozzarella immédiatement.

DISPOSER les tomates sur la mozzarella. Garnir de basilic et de roquette.

ASSAISONNER et servir aussitôt, avec un trait d'huile d'olive, si désiré.

×

4 à 6 personnes

Frittata au fenouil et aux tomates cerises en sandwich

10 œufs

4 c. à soupe de lait

3 c. à soupe d'huile d'olive

1 poireau (le blanc et le vert tendre) émincé

1 bulbe de fenouil émincé

10 branches d'origan effeuillées, hachées

750 ml (3 tasses) d'épinards

500 ml (2 tasses) de tomates cerises en deux

250 ml (1 tasse) de roquette

12 tranches de pain grillées

Sel de mer et poivre du moulin

PRÉCHAUFFER le four à 200 °C (400 °F). Couvrir le fond d'un moule de 20 cm (8 po) de diamètre d'une feuille de papier parchemin.

FOUETTER les œufs et le lait dans un bol. Réserver.

CHAUFFER l'huile à feu doux dans une poêle. Faire revenir doucement le poireau et le fenouil 10 min. Ajouter l'origan, retirer du feu et réserver.

VERSER l'appareil d'œufs dans le moule. Répartir les épinards et le mélange de fenouil et poireau en les enfouissant pour qu'ils ne sèchent pas au four. Déposer les tomates. Assaisonner.

COUVRIR d'un papier d'aluminium et mettre au four 25 min. Découvrir les 5 dernières minutes pour dorer.

SERVIR la frittata tiède avec quelques feuilles de roquette, entre deux tranches de pain grillées.

×

Tartine d'œuf à l'avocat et au chèvre

–

1 avocat

Jus de ½ citron

125 ml (½ tasse) de chèvre frais

2 tranches de pain de campagne

6 tranches de bacon cuit au four

1 tomate Cœur de bœuf ou 2 tomates de jardin en tranches

2 œufs

4 feuilles de pissenlit ou autre verdure

Sel de mer et poivre du moulin

–

La tomate Cœur de bœuf

Cette variété ancienne se distingue par sa taille, bien sûr, mais aussi parce qu'elle offre plus de chair que d'eau. Elle est géante et délicieuse !

–

ÉCRASER la chair de l'avocat à l'aide d'une fourchette. Incorporer le jus de citron et le chèvre en fouettant avec une fourchette. Tartinez les tranches de pain.

DÉPOSER le bacon et les tranches de tomate. Assaisonner.

CUIRE les œufs de 3 à 4 min dans une casserole d'eau bouillante et passer sous l'eau très froide.

RETIRER délicatement les œufs de leur coquille et déposer sur les tartines. Garnir de verdure.

×

Quesadilla mexicaine de Californie

—

1 c. à soupe d'huile d'olive

1 échalote émincée

1 gousse d'ail hachée

1 pincée de paprika fumé

3 tomates en morceaux

4 œufs

4 tortillas

1 avocat en tranches

10 asperges fines ou
8 haricots plats blanchis

2 c. à soupe de crème sure

2 oignons verts ciselés

Sel de mer et
poivre du moulin

—

PRÉCHAUFFER le four à 200 °C (400 °F).

CHAUFFER l'huile à feu modéré dans un grand poêlon et faire revenir 1 min l'échalote, l'ail et le paprika.

AJOUTER la tomate, assaisonner et cuire 5 min pour la faire compoter.

CASSER les œufs et les déposer doucement dans le poêlon à distance les uns des autres, puis enfourner 10 min.

GARNIR chacune des tortillas de 1 œuf et de sa sauce tomate, ajouter quelques tranches d'avocat, 2 ou 3 asperges et un peu de crème sure. Décorer d'oignon vert ciselé.

×

Scones au cheddar

—

2 œufs

250 ml (1 tasse) de lait

Jus de 1 citron

1 l (4 tasses) de farine
non blanchie

1 c. à thé de poudre à pâte

1 c. à thé de bicarbonate
de soude

310 ml (1 ¼ tasse) de beurre
froid en morceaux

375 ml (1 ½ tasse) de
cheddar fort râpé

1 c. à soupe de graines de
carvi ou de cumin ou de
romarin haché

Sel Maldon (en flocons) ou
fleur de sel

—

Congeler les scones

Il suffit de placer la plaque
avec les boulettes de pâte
non cuite au congélateur
pendant 2 h et de les
transférer ensuite dans
un sac de plastique
hermétique. Vous n'aurez
qu'à passer directement
les scones du congélateur
au four quand vous en
aurez envie.

—

BATTRE les œufs et le lait dans un petit
bol. Ajouter le jus de citron et laisser
reposer 4 min.

MÉLANGER au robot la farine, la poudre
à pâte, le bicarbonate et le beurre.

VERSER le mélange d'œufs dans le bol du
robot et pulser un peu afin que la pâte
soit tout juste homogène et s'amalgame.
Retirer la pâte du robot et la déposer dans
un grand bol.

INCORPORER le fromage et
l'assaisonnement choisi à la pâte.

FORMER une dizaine de boulettes de
grosseur uniforme. Garnir de quelques
cristaux de sel. Déposer sur une plaque
recouverte de papier parchemin.

RÉFRIGÉRER 15 min. Préchauffer le four
à 200 °C (400 °F).

CUIRE de 20 à 25 min ou jusqu'à ce que
les scones soient dorés.

×

Sandwich à la pomme et au cheddar

214

–

1 pomme Cortland

1 pomme Granny Smith

Jus de 1 citron

6 feuilles de
menthe ciselées

4 tranches de pain grillées

1 c. à soupe d'huile d'olive

4 tranches épaisses de
cheddar fort ou extra-fort

6 brins de ciboulette hachés

250 ml (1 tasse) de roquette
ou de cresson

–

COUPER les pommes en fines tranches avec une mandoline ou un couteau. Arroser de jus de citron et parsemer de menthe. Réserver.

VERSER un filet d'huile d'olive sur les tranches de pain. Disposer le fromage et les tranches de pomme sur deux d'entre elles.

GARNIR de ciboulette et de roquette. Refermer les sandwichs et servir.

×

6 personnes

Tartinade végétale de la belle Renée

—

2 oignons

1 carotte

1 branche de céleri

1 pomme de terre
crue râpée

250 ml (1 tasse)
d'eau chaude

180 ml (¾ tasse) de farine
non blanchie

160 ml (⅔ tasse) de levure
alimentaire (ci-dessous)

125 ml (½ tasse) de graines
de tournesol

80 ml (⅓ tasse)
d'huile d'olive

4 c. à soupe de tamari

2 c. à soupe de jus de citron

1 gousse d'ail émincée

2 branches de thym
effeuillées, hachées

2 feuilles de sauge hachées

—

La levure alimentaire

Source importante de
protéines et de vitamines
(B notamment), elle a un
petit goût de fromage
intéressant… On la
trouve dans les magasins
d'aliments naturels.

—

PRÉCHAUFFER le four à 180 °C (350 °F).

ÉMINCER l'oignon, la carotte et le céleri au robot. Mettre dans un grand bol.

AJOUTER tous les autres ingrédients et mélanger pour former une pâte homogène.

ÉTALER dans un plat carré pour avoir environ 4 cm (1 ½ po) d'épaisseur. Cuire au four 45 min ou jusqu'à ce que la préparation ne soit plus liquide. Refroidir et démouler.

SERVIR en sandwich avec de la verdure et des légumes marinés, si désiré. La tartinade se congèle très bien.

×

Schnitzels de tofu

–

Marinade

2 gousses d'ail pelées

5 cm (2 po) de
gingembre frais

2 c. à soupe de miso au
riz brun

3 c. à soupe d'huile d'olive

4 c. à soupe de jus de
pomme naturel

–

Schnitzels
en sandwich

1 bloc de 454 g (1 lb) de tofu
ferme bio

125 ml (½ tasse) de farine
non blanchie

2 œufs

250 ml (1 tasse) de graines
de sésame grillées

125 ml (½ tasse) d'huile
d'olive ou végétale

4 ciabattas tranchées

Champignons marinés,
poivrons grillés, cœurs
d'artichaut ou autres
condiments

250 ml (1 tasse) de laitue
niçoise frisée ou autre

Sel de mer et
poivre du moulin

–

RÉDUIRE l'ail et le gingembre en purée
à l'aide du robot culinaire. Incorporer le
miso, l'huile et le jus de pomme. Verser la
marinade dans un plat et réserver.

COUPER le tofu en tranches de 1 cm
(⅜ po). Assaisonner. Déposer dans le plat
contenant la marinade, bien enrober et
réfrigérer 2 h.

METTRE la farine dans un premier bol.
Saler et poivrer. Battre les œufs dans un
deuxième bol. Déposer les graines de
sésame dans un troisième bol. Égoutter
légèrement les tranches de tofu avant de
les tremper dans la farine, dans l'œuf et,
pour terminer, dans le sésame.

CHAUFFER l'huile à feu moyen-vif dans
un poêlon. Faire frire les tranches de tofu
3 à 4 min de chaque côté ou jusqu'à ce
qu'elles soient dorées. Éponger l'excédent
d'huile avec du papier absorbant.

DÉPOSER les schnitzels de tofu dans les
ciabattas. Garnir de légumes marinés et
de laitue.

×

2 personnes
Jambon-beurre

–

½ baguette

1 c. à soupe de beurre
non salé froid

4 à 6 tranches de
jambon naturel

4 petits cornichons marinés
(non sucrés)

6 brins de ciboulette ciselés

1 tomate en tranches

2 à 4 feuilles de cœur de
laitue romaine

–

TRANCHER la baguette sur la longueur et
tartiner de beurre.

DISPOSER les tranches de jambon et garnir
des autres ingrédients.

×

4 personnes
Tartine à la salade de jambon

–

200 g (7 oz) de
jambon naturel

2 branches de
céleri émincées

1 endive émincée

2 c. à soupe de noix
de Grenoble

6 brins de ciboulette hachés

4 c. à soupe de persil
plat haché

125 ml (½ tasse)
de mayonnaise

4 feuilles de laitue ciselées

4 tranches de pain de
blé entier

Sel de mer et
poivre du moulin

–

HACHER le jambon au couteau. Déposer
dans un bol moyen.

INCORPORER tous les autres ingrédients,
sauf la laitue et le pain. Assaisonner.

RÉPARTIR la salade de jambon sur le pain.
Garnir de laitue.

×

Sandwich au prosciutto

—

1 bulbe de fenouil en tranches de 1 cm (⅜ po)

Jus de 1 citron

2 c. à soupe d'huile d'olive

3 c. à soupe de parmesan râpé

12 tranches de prosciutto

250 ml (1 tasse) de roquette

12 feuilles de basilic

2 tomates en tranches

8 tranches de pain ou 4 ciabattas

Sel de mer et poivre du moulin

—

Variantes

Vous pouvez remplacer les tomates par des figues ou encore par des tranches de nectarine.

Vous pouvez aussi remplacer le fenouil au parmesan par du fenouil en salade (p. 129).

—

PRÉCHAUFFER le four à 200 °C (400 °F).

DÉPOSER les tranches de fenouil sur une plaque. Arroser de jus de citron, d'huile et de parmesan râpé.

COUVRIR de papier d'aluminium et enfourner 20 min. Découvrir et prolonger la cuisson 5 min pour griller.

DISPOSER le prosciutto, le fenouil, la roquette, le basilic et les tomates sur les tranches de pain. Assaisonner.

×

Sandwich au poulet tandoori

222

—

500 g (1 lb) de hauts de cuisse de poulet

1 betterave crue passée au robot

Jus de 1 citron

½ c. à soupe de gingembre fraîchement râpé

½ c. à soupe d'ail hachée + 1 gousse d'ail hachée

250 ml (1 tasse) + 4 c. à soupe de yogourt 10 %

2 c. à soupe de garam masala

4 pains naan ou 4 pitas

1 concombre libanais en rondelles fines

8 à 10 feuilles de menthe hachées

125 à 250 ml (½ à 1 tasse) de coriandre hachée grossièrement

Sel de mer et poivre du moulin

—

Variantes

Vous pouvez aussi servir le poulet tandoori avec un coulis de menthe et de coriandre et une salade de mangue ou d'ananas. Ou encore avec des légumes grillés.

COUPER le poulet en morceaux, ajouter la pulpe de betterave, le jus de citron, le gingembre et ½ c. à soupe d'ail. Couvrir d'une pellicule plastique et réfrigérer 1 h.

AJOUTER 250 ml (1 tasse) de yogourt et le garam masala. Assaisonner et réfrigérer 4 h.

PRÉCHAUFFER le grill ou le four à 200 °C (400 °F).

CUIRE le poulet en brochettes sur le grill de 10 à 15 min (le goût est meilleur) ou sur une plaque au four de 15 à 20 min.

MÉLANGER 4 c. à soupe de yogourt et 1 gousse d'ail hachée dans un petit bol et laisser reposer 10 min.

RÉPARTIR le poulet dans les pains naan et garnir de concombre, d'herbes et de sauce au yogourt à l'ail.

×

Ciabatta au poulet à l'italienne

2 personnes

—

½ poitrine de poulet

125 ml (½ tasse) de farine non blanchie

3 œufs

250 ml (1 tasse) de chapelure

4 branches d'origan effeuillées, hachées

125 ml (½ tasse) d'huile d'olive ou végétale

1 c. à soupe de mayonnaise

1 c. à thé de pesto ou ½ c. à thé de chipotle en sauce adobe (p. 240)

2 ciabattas tranchées

1 à 2 tomates en tranches

Poivrons grillés, aubergines marinées ou autres marinades, au goût

250 ml (1 tasse) de roquette

Sel de mer et poivre du moulin

—

COUPER le poulet dans l'épaisseur pour obtenir des escalopes minces.

VERSER la farine dans un premier bol. Saler et poivrer. Battre les œufs dans un deuxième bol. Mettre la chapelure et l'origan dans un troisième bol. Tremper les escalopes dans la farine, dans l'œuf, puis dans la chapelure.

CHAUFFER l'huile dans un poêlon, à feu moyen-vif. Faire frire les escalopes jusqu'à ce qu'elles soient cuites et bien dorées. Éponger l'excédant d'huile avec du papier absorbant.

MÉLANGER la mayonnaise et le pesto dans un petit bol et tartiner le pain.

DÉPOSER les escalopes. Garnir de tranches de tomate et des marinades choisies. Ajouter quelques feuilles de roquette sur le dessus. Refermer avec l'autre moitié de pain.

×

Sandwich de poulet au cari

—

500 ml (2 tasses) de poulet cuit en dés

1 oignon rouge émincé

1 branche de céleri en petits dés

1 c. à soupe de cari de Madras

1 c. à soupe de miel

60 ml (¼ tasse) de raisins de Corinthe séchés

3 radis en tranches fines

1 pomme verte non pelée en cubes

60 ml (¼ tasse) de crème sure ou de yogourt

60 ml (¼ tasse) de mayonnaise

250 ml (1 tasse) de roquette ou de cresson

8 tranches de pain ou 4 pitas ou 4 tortillas

—

MÉLANGER dans un grand bol tous les ingrédients, sauf la roquette et le pain.

GARNIR le pain choisi du mélange au poulet et de verdure.

×

2 personnes

Sandwich aux merguez

½ baguette

1 à 2 c. à thé de moutarde
de Dijon

4 merguez grillées

125 ml (½ tasse) de salade
de chou (p. 120)

TRANCHER la baguette sur la longueur, enlever un peu de mie et tartiner de moutarde.

GARNIR des merguez et de la salade de chou.

×

2 personnes

Sandwich au canard

1 c. à soupe d'huile d'olive

¼ blanc de poireau taillé
en allumettes

2 pains pita

1 cuisse de canard
confit désossée

½ mangue en tranches

Quelques feuilles de basilic

Quelques feuilles
de roquette

Réduction de vinaigre
balsamique (p. 206)

Sel de mer et
poivre du moulin

Variantes

La mangue peut être
remplacée par une pomme
verte en allumettes ou par
des tranches de figue.

CHAUFFER 1 c. à soupe d'huile dans un poêlon et cuire le poireau de 2 à 3 min avec 1 c. à soupe d'eau. Réserver.

VERSER un trait d'huile sur les pains et déposer le canard, la mangue et le poireau.

ASSAISONNER et garnir de basilic, de roquette et d'un trait de réduction de vinaigre balsamique.

×

4 personnes

Sloppy Joe

–

2 c. à soupe d'huile d'olive

1 kg (2 lb) de bœuf haché

2 oignons hachés

2 carottes hachées
très finement

1 c. à soupe de cumin + 2 c.
à soupe de chili en poudre +
½ c. à thé de cayenne

1 c. à soupe d'origan

2 gousses d'ail hachées

1 boîte de 398 ml (14 oz) de
tomates en dés

3 c. à soupe de pâte
de tomate

1 c. à soupe de sauce
Worcestershire

4 petits pains style
burger grillés

125 ml (½ tasse) de cheddar
moyen jaune râpé

250 ml (1 tasse) de
coriandre ou de persil
plat hachés

Sel de mer et
poivre du moulin

–

CHAUFFER l'huile à feu modéré-vif dans une poêle. Faire revenir la viande, les oignons et la carotte de 5 à 7 min.

AJOUTER les épices et l'origan. Cuire de 2 à 3 min ou jusqu'à ce que la viande ne soit plus rosée.

INCORPORER l'ail, la tomate, la pâte de tomate et la sauce Worcestershire. Amener à ébullition, baisser le feu et laisser mijoter 10 min ou jusqu'à épaississement. Assaisonner.

SERVIR dans les petits pains grillés et garnir de fromage et de coriandre.

×

Sandwich au saucisson de Gênes

–

2 c. à soupe de mayonnaise

½ c. à thé de chipotle en sauce adobe (p. 240) ou 1 c. à thé de pesto

2 ciabattas ou ½ baguette

15 tranches de saucisson de Gênes assez minces

1 poivron rouge grillé en lanières

1 tomate en tranches

2 c. à soupe d'oignons caramélisés (ci-dessous)

½ tasse de roquette ou autre verdure

–

Oignons caramélisés

Chauffer 3 c. à soupe de beurre ou d'huile d'olive dans un poêlon à feu modéré-vif. Ajouter 500 ml (2 tasses) d'oignons émincés, faire revenir de 3 à 5 min en brassant, puis réduire le feu et cuire doucement 30 min. Les oignons caramélisés se conservent jusqu'à 2 semaines au réfrigérateur.

–

MÉLANGER la mayonnaise et le chipotle dans un petit bol. Tartiner le pain.

DISPOSER les tranches de saucisson. Garnir de lanières de poivron, de tranches de tomate, d'oignons caramélisés et de verdure.

×

Sandwich à la sauce ragú

230

–

2 boules de bocconcini
tranchées

2 paninis

125 à 250 ml (½ à 1 tasse)
de sauce ragú chaude
(ci-contre)

10 feuilles de basilic

60 ml (¼ tasse) de roquette

–

ESSUYER les tranches de bocconcini pour
ne pas mouiller le pain.

GLISSER le bocconcini dans le pain et
griller jusqu'à ce que le fromage fonde.

OUVRIR délicatement le pain et y déposer
la sauce chaude. Garnir de basilic et
de roquette.

×

Sauce ragú

—

2 c. à soupe de beurre

4 c. à soupe d'huile d'olive

30 g (1 oz) de pancetta ou de jambon speck en dés

1 carotte moyenne en petits dés

1 branche de céleri en petits dés

1 oignon haché finement

3 gousses d'ail hachées

250 ml (1 tasse) de champignons en dés

500 g (1 lb) de porc ou de bœuf hachés

500 g (1 lb) de veau haché

250 ml (1 tasse) de vin blanc

1,25 l (5 tasses) de tomates en dés

1 c. à soupe d'origan frais ou séché sur branche

250 ml (1 tasse) de lait

1 petit piment fort épépiné haché

Sel de mer et poivre du moulin

—

CHAUFFER à feu modéré le beurre et l'huile d'olive dans une grande casserole. Faire revenir la pancetta 2 min.

METTRE la carotte, le céleri, l'oignon et l'ail dans la casserole. Cuire doucement 10 min pour les attendrir.

AJOUTER les champignons. Cuire 3 min.

INCORPORER le porc et le veau. Assaisonner et cuire 10 min en remuant à l'occasion.

MOUILLER avec le vin, la tomate et l'origan. Amener à ébullition. Réduire le feu et laisser mijoter 1 h.

AJOUTEZ le lait et le piment, puis cuire encore 30 min.

RÉFRIGÉRER une nuit et servir la sauce ragú le lendemain, sur des pâtes bien sûr, ou en sandwich (ci-contre).

×

Thon en sandwich

232

—

2 boîtes de 170 g (6 oz) de
thon dans l'eau ou dans
l'huile, égoutté

Zeste (facultatif) et jus de
1 citron bio

½ petit oignon
rouge émincé

2 c. à soupe d'herbes
fraîches au choix

1 c. à soupe de câpres

125 ml (½ tasse)
de mayonnaise

4 pains au sésame coupés
en deux

12 tomates cerises coupées
en deux

½ paquet de luzerne ou
autres pousses

Sel de mer et
poivre du moulin

—

METTRE le thon dans un bol. Ajouter le jus
(et le zeste, si désiré) de citron, l'oignon,
les herbes, les câpres et la mayonnaise.
Mélanger à la fourchette.

GARNIR les moitiés de pain du mélange.
Assaisonner. Répartir les tomates et la
luzerne. Refermer avec les autres moitiés
de pain.

×

Thon en sandwich
à la grecque

Mélanger 2 boîtes de thon
égoutté avec 2 c. à soupe de
feta pas trop salée et 60 ml
(¼ tasse) de mayonnaise.
Ajouter 8 olives de
Kalamata dénoyautées en
quartiers, 125 ml (½ tasse)
de persil plat grossièrement
haché, ½ petit oignon
rouge émincé et 4
branches d'origan
effeuillées, hachées.

Thon en sandwich
à l'indienne

Utiliser les ingrédients de
la recette du sandwich au
poulet tandoori (p. 222).

Tartine cubaine aux crevettes

—

2 c. à soupe d'huile d'olive

3 gousses d'ail hachées

1 petit oignon haché

500 ml (2 tasses) de haricots noirs cuits

½ c. à soupe de chipotle en sauce adobe (p. 240)

1 c. à thé de cumin

Jus de 1 à 2 limes

8 à 12 crevettes moyennes

1 pincée de paprika fumé

4 tranches de pain de maïs grillées

250 ml (1 tasse) de salsa à la mangue (ci-dessous)

125 ml (½ tasse) de maïs en grains cuit (surgelé ou frais, p. 152)

Sel de mer et poivre du moulin

—

Salsa à la mangue

Couper 1 grosse mangue, 2 tomates moyennes et ½ à 1 avocat en dés. Saupoudrer d'une pincée de cayenne et arroser du jus de ½ à 1 lime et de 1 c. à soupe d'huile d'olive. Incorporer 125 ml (½ tasse) de coriandre hachée et assaisonner. Mélanger et laisser macérer 10 min.

CHAUFFER à feu modéré 1 c. à soupe d'huile dans un poêlon. Faire revenir 2 gousses d'ail et l'oignon 3 min pour les attendrir.

AJOUTER les haricots noirs, le chipotle, le cumin et assaisonner. Cuire 2 min en brassant. Retirer du feu.

VERSER le jus de lime. Écraser les haricots au presse-purée. Réserver.

CHAUFFER 1 c. à soupe d'huile à feu modéré-vif dans un deuxième poêlon. Faire revenir les crevettes avec 1 gousse d'ail et le paprika fumé, 2 min d'un côté et 1 min de l'autre. Retirer du feu et arroser d'un trait de jus de lime.

TARTINER les tranches de pain avec la purée de haricots noirs. Garnir de salsa, de maïs et de crevettes.

×

Tartine de saumon fumé

—

125 g (¼ lb) de saumon ou de truite fumés, en grosses lanières

1 pomme Granny Smith en allumettes

1 branche de céleri émincée

6 brins de ciboulette ciselés

1 c. à soupe de câpres

80 ml (⅓ tasse) de crème sure

80 ml (⅓ tasse) de mayonnaise

Jus de ½ citron

2 tranches de pain de seigle

Quelques feuilles d'aneth ou de fenouil

Sel de mer et poivre noir du moulin

—

RÉUNIR dans un grand bol le saumon, la pomme, le céleri, la ciboulette et les câpres.

MÉLANGER la crème sure, la mayonnaise et le jus de citron dans un petit bol. Incorporer cette vinaigrette au saumon et mélanger. Assaisonner.

GARNIR les pains de seigle et décorer d'aneth ou de fenouil.

×

Sandwich du Maine au homard

–

2 homards moyens cuits et décortiqués

125 ml (½ tasse) de mayonnaise

1 branche de céleri hachée finement

Jus et zeste de 1 citron bio

3 branches d'estragon effeuillées, ciselées

6 brins de ciboulette ciselés

3 ou 4 pains à hot-dog

1 c. à soupe de beurre

3 ou 4 feuilles de laitue Boston

Sel de mer et poivre du moulin

–

Variante

Remplacer le homard par de la chair de crabe en conserve.

–

RÉUNIR dans un bol la chair des homards, la mayonnaise, le céleri, le zeste et le jus de citron. Assaisonner et mélanger à la fourchette.

INCORPORER l'estragon et la ciboulette.

BEURRER les deux côtés des pains à hot-dog et les faire dorer à la poêle.

DÉPOSER une feuille de laitue à l'intérieur des pains et garnir du mélange de homard. Déguster les yeux fermés.

×

BLT au homard

—

1 homard cuit et décortiqué

1 c. à soupe de beurre fondu

8 brins de ciboulette ciselés

½ citron

60 ml (¼ tasse)
de mayonnaise

1 c. à thé de chipotle en
sauce adobe (ci-dessous)
ou 1 pincée de paprika fumé

8 tranches de pain

8 tranches de bacon cuit

2 tomates coupées
en quartiers

4 feuilles de cœur de
laitue romaine

Sel de mer et
poivre du moulin

—

Les chipotles
en sauce adobe

Ce sont de petits piments
fumés vendus en conserve
dans une sauce à base de
vinaigre de vin rouge.

—

METTRE la chair du homard dans un bol.
Ajouter le beurre fondu et la ciboulette.
Presser le jus de citron et réserver.

MÉLANGER la mayonnaise et le chipotle
dans un petit bol. Tartiner les tranches
de pain.

AJOUTER le bacon, le homard, les tomates
et la laitue. Assaisonner et refermer
les sandwichs.

×

Crab cakes

—

250 ml (1 tasse) de chair de crabe émiettée

125 ml (½ tasse) de maïs en grains (surgelé ou frais, p. 152)

1 c. à thé de piment rouge haché finement

1 oignon vert haché finement

1 branche de céleri hachée finement

125 ml (½ tasse) de coriandre hachée finement

2 c. à soupe de mayonnaise

2 à 3 c. à soupe + 250 ml (1 tasse) de chapelure

Jus et zeste de ½ lime bio

250 ml (1 tasse) de farine non blanchie

3 œufs battus

250 ml (1 tasse) d'huile de canola ou d'olive

Sel de mer et poivre du moulin

—

Salsa à l'ananas

Couper 1 ananas en cubes, 250 ml (1 tasse) de tomates cerises en quartiers et ½ poivron cubano ou poblano en petits dés. Émincer 1 oignon vert sur le biais et 1 piment rouge épépiné. Arroser du jus de 1 à 2 limes et de 1 c. à soupe d'huile d'olive. Incorporer 250 ml (1 tasse) de coriandre hachée et assaisonner. Mélanger et laisser macérer 1 h au réfrigérateur.

—

DÉPOSER les 8 premiers ingrédients dans un bol et mélanger. Ajouter le zeste et le jus de lime en veillant à ce que le mélange ne soit pas trop liquide. Rectifier au besoin avec de la chapelure et assaisonner.

FORMER de 4 à 6 galettes avec les mains. Déposer sur une plaque et réfrigérer 1 h.

FARINER les galettes. Tremper dans l'œuf, puis dans la chapelure.

CHAUFFER l'huile à feu modéré-vif dans un poêlon profond 2 à 3 min. Déposer délicatement les galettes dans le poêlon. Frire 2 à 3 min, retourner et cuire encore 1 min. Déposer sur du papier absorbant.

SERVIR les crab cakes accompagnés de salsa à la mangue (p. 234) ou à l'ananas (ci-dessous).

×

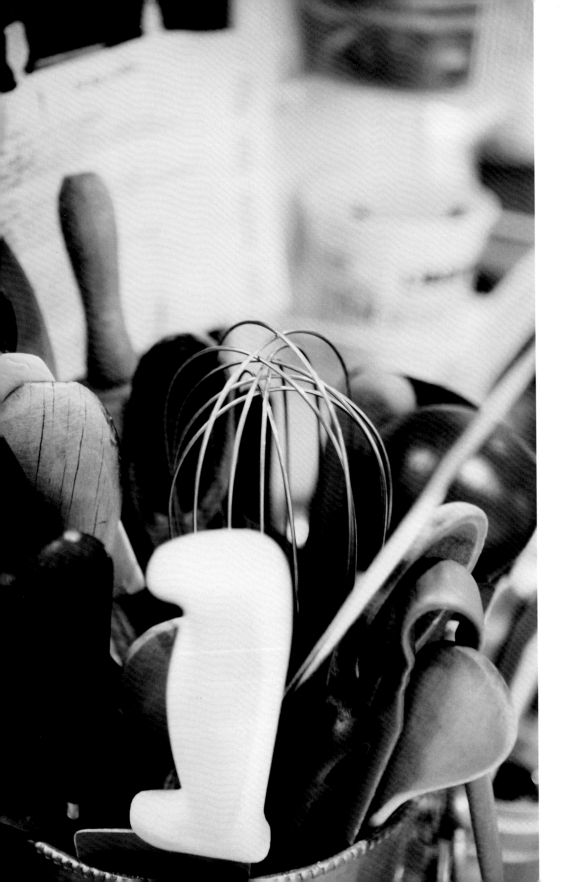

④ desserts

Soupe dessert au chocolat, au safran et au piment

—

6 c. à soupe de crème 35 %

2 pincées de safran

2 pincées de piment broyé

250 ml (1 tasse) de
bon chocolat à 70 % en
petits morceaux

6 c. à soupe de lait
3,25 % tiédi

—

FAIRE chauffer à feu modéré dans une petite casserole la crème, une bonne pincée de safran et une bonne pincée de piment. Laisser infuser 5 min.

DÉPOSER les morceaux de chocolat dans un bol. Verser la crème infusée encore chaude.

AJOUTER du lait tiède au besoin, si la soupe est trop épaisse.

RÉPARTIR dans 4 petites tasses à espresso. Ajouter une petite pincée de safran et de piment sur le dessus.

×

4 personnes

Croustade coco

125 ml (½ tasse) de farine non blanchie

125 ml (½ tasse) de cassonade

125 ml (½ tasse) de noix de coco râpée non sucrée

4 c. à soupe de beurre froid en petits morceaux

3 mangues en morceaux

½ ananas en morceaux

PRÉCHAUFFER le four à 190 °C (375 °F).

MÉLANGER la farine, la cassonade, la noix de coco et le beurre avec les mains dans un grand bol.

DÉPOSER les fruits dans un plat et couvrir de la garniture. Cuire au four de 20 à 25 min.

×

6 à 8 personnes

Croustade aux petits fruits

225 g (½ lb) de beurre froid en petits morceaux

375 ml (1 ½ tasse) de farine non blanchie

750 ml (3 tasses) de gros flocons d'avoine à l'ancienne

375 ml (1 ½ tasse) de cassonade

750 ml (3 tasses) de petits fruits

Variantes

Quelques mariages gagnants : framboises et mangue, fraises et rhubarbe, bleuets et poire, pomme et canneberges, etc.

PRÉCHAUFFER le four à 190 °C (375 °F).

MÉLANGER le beurre, la farine, les flocons d'avoine et la cassonade avec les mains dans un grand bol.

DÉPOSER les petits fruits dans un plat et couvrir de la préparation à l'avoine. Cuire au four de 25 à 30 min.

×

Poires au jasmin

254

---

1 l (4 tasses) d'eau

2 sachets de thé au jasmin

2 cm (¾ po) de gingembre

1 petit bâton de cannelle

1 anis étoilé

1 c. à soupe de baies de goji

4 poires pelées

60 ml (¼ tasse) de sucre de canne

FAIRE BOUILLIR l'eau dans une casserole. Réduire le feu, faire infuser le thé 10 min, puis retirer les sachets.

PLONGER le gingembre, la cannelle, l'anis et les baies de goji dans la casserole de thé.

DÉPOSER une marguerite dans le fond de la casserole et faire pocher les poires dans le thé à couvert de 15 à 20 min ou jusqu'à ce qu'elles soient tendres.

RETIRER les poires et déposer dans des bols de service. Filtrer le thé de cuisson en enlevant les épices et le remettre dans la casserole.

AJOUTER le sucre au thé et laisser réduire 5 min à feu élevé. Verser sur les poires.

Gâteau au citron

—

125 ml (½ tasse) de beurre

250 ml (1 tasse) de sucre
de canne

3 œufs

250 ml (1 tasse) de farine
non blanchie

1 c. à thé de poudre à pâte

125 ml (½ tasse) de yogourt

Zeste de 1 citron bio

—

PRÉCHAUFFER le four à 180 °C (350 °F).
Beurrer et fariner un moule carré ou rond
de 23 cm (9 po).

BATTRE le beurre en crème. Ajouter
le sucre, mélanger 3 min au batteur
électrique, puis les œufs un à un en
mélangeant au batteur entre chacun.

INCORPORER la farine et la poudre à pâte
en pliant à l'aide d'une spatule. Ajouter le
yogourt et le zeste sans trop mélanger.

VERSER la pâte dans le moule. Cuire au
four 30 min ou jusqu'à ce qu'un cure-dents
inséré au centre en ressorte propre.

LAISSER REFROIDIR 10 min avant
de démouler.

×

Gâteau au citron

125 ml (½ tasse) de beurre

250 ml (1 tasse) de sucre de canne

3 œufs

250 ml (1 tasse) de farine non blanchie

1 c. à thé de poudre à pâte

125 ml (½ tasse) de yogourt

Zeste de 1 citron bio

PRÉCHAUFFER le four à 180 °C (350 °F). Beurrer et fariner un moule carré ou rond de 23 cm (9 po).

BATTRE le beurre en crème. Ajouter le sucre, mélanger 3 min au batteur électrique, puis les œufs un à un en mélangeant au batteur entre chacun.

INCORPORER la farine et la poudre à pâte en pliant à l'aide d'une spatule. Ajouter le yogourt et le zeste sans trop mélanger.

VERSER la pâte dans le moule. Cuire au four 30 min ou jusqu'à ce qu'un cure-dents inséré au centre en ressorte propre.

LAISSER REFROIDIR 10 min avant de démouler.

×

Brownies à la cardamome

–

7 œufs moyens

310 ml (1 ¼ tasse) de sucre de canne

160 ml (⅔ tasse) de beurre

125 ml (½ tasse) + 2 c. à soupe de pastilles de chocolat à 70 %

125 ml (½ tasse) de cacao

80 ml (⅓ tasse) de farine non blanchie

½ à 1 c. à thé de cardamome moulue ou 2 pincées de cayenne (facultatif)

–

PRÉCHAUFFER le four à 180 °C (350 °F). Couvrir le fond d'un moule carré de 23 cm (9 po) ou équivalent d'une feuille de papier parchemin.

FOUETTER les œufs avec le sucre dans un grand bol.

FAIRE fondre le beurre et 125 ml (½ tasse) de chocolat au micro-ondes ou au bain-marie. Incorporer au mélange d'œufs et réserver.

INCORPORER le cacao et la farine aux ingrédients liquides. Ajouter la cardamome ou le cayenne, si désiré.

VERSER dans le moule, parsemer de 2 c. à soupe de pastilles de chocolat. Cuire au four de 20 à 25 min ou jusqu'à ce que le centre du gâteau rebondisse au toucher.

×

Panna cotta au chocolat

—

2 feuilles de gélatine

500 ml (2 tasses) de crème 35%

50 g (1 ¾ oz) de sucre de canne

100 g (3 ½ oz) de pastilles de chocolat à 70 %

—

Variantes

Remplacez le chocolat par différents parfums, à laisser infuser 15 min dans la crème sucrée chaude avant de filtrer : citron (zeste de ½ citron bio), thé (1 sachet), anis (1 badiane), gingembre (1 c. à soupe, râpé), lavande (1 c. à thé).

—

TREMPER la gélatine dans l'eau froide et égoutter en la serrant dans les mains comme un linge.

AMENER la crème et le sucre à ébullition dans une casserole. Retirer du feu, ajouter les pastilles de chocolat et brasser jusqu'à ce qu'elles soient fondues.

AJOUTER la gélatine au liquide chaud et bien mélanger.

VERSER dans des ramequins et réfrigérer 6 h. Garnir de petits fruits en salade (ci-dessous) ou de quelques pistaches.

×

Petits fruits en salade

—

60 ml (¼ tasse) de sirop d'agave

3 à 4 feuilles de verveine

250 ml (1 tasse) de fraises en morceaux

250 ml (1 tasse) de bleuets

250 ml (1 tasse) de mûres

Jus de 1 lime

—

CHAUFFER doucement le sirop d'agave dans un poêlon. Ajouter la verveine, chauffer encore 5 min. Enlever du feu. Laisser macérer 15 min et retirer les feuilles.

METTRE tous les fruits dans un bol, ajouter le sirop et le jus de lime.

×

Variantes

Remplacez la verveine par
du basilic, de la menthe ou
un peu de romarin.

Carrés au citron

–

Pâte brisée

225 g (½ lb) de beurre froid

125 ml (½ tasse) de sucre de canne

500 ml (2 tasses) de farine non blanchie

½ c. à thé de sel de mer

–

Garniture

6 œufs

250 ml (1 tasse) de jus de citron

500 ml (2 tasses) de sucre de canne

Zeste de 2 citrons bios (facultatif)

250 ml (1 tasse) de farine non blanchie tamisée

–

Variante

On peut faire le même dessert avec du jus et du zeste de lime, dans les mêmes proportions.

–

PRÉCHAUFFER le four à 180 °C (350 °F).

SABLER le beurre avec le sucre, la farine et le sel au robot ou avec les doigts sans faire fondre le beurre complètement.

ÉTENDRE dans un plat en pyrex rectangulaire préalablement recouvert de papier parchemin. Cuire la pâte brisée 15 min au four et laisser refroidir.

BATTRE dans un bol à l'aide d'un fouet les œufs avec le jus de citron, le sucre et le zeste, si désiré. Tamiser la farine au-dessus du bol tout en fouettant pour éviter les grumeaux.

VERSER la garniture sur la pâte cuite et refroidie. Enfourner, cuire 15 min et sortir du four avant que la garniture ne soit complètement figée.

RÉFRIGÉRER. Couper le gâteau froid en carrés et saupoudrer de sucre à glacer.

×

Scones aux framboises

–

375 ml (1 ½ tasse) de framboises fraîches ou surgelées

2 œufs

180 ml (¾ tasse) de lait

Jus de 1 citron

1 l (4 tasses) de farine non blanchie

1 c. à thé de poudre à pâte

1 c. à thé de bicarbonate de soude

250 ml (1 tasse) de sucre

310 ml (1 ¼ tasse) de beurre froid en morceaux

–

Congeler les scones

Il suffit de placer la plaque avec les boulettes de pâte non cuite au congélateur pendant 2 h et de les transférer ensuite dans un sac de plastique hermétique. Vous n'aurez qu'à passer directement les scones du congélateur au four quand vous en aurez envie.

–

CONGELER les framboises 30 min si elles sont fraîches, pour éviter qu'elles ne s'écrasent dans la pâte.

BATTRE les œufs avec le lait dans un petit bol. Ajouter le jus de citron et laisser reposer 4 min.

MÉLANGER au robot tous les ingrédients secs et le beurre.

VERSER le mélange d'œufs dans le bol du robot et pulser un peu afin que la pâte soit tout juste homogène et s'amalgame. Retirer la pâte du robot et la déposer dans un grand bol.

FORMER une dizaine de boulettes de grosseur uniforme. Enfoncer les framboises avec les doigts dans chacune des boulettes. Déposer sur une plaque recouverte de papier parchemin.

RÉFRIGÉRER 15 min. Préchauffer le four à 200 ºC (400 ºF).

CUIRE les scones au four de 20 à 25 min. Comme les framboises donnent beaucoup de jus, il faut parfois prolonger la cuisson en réduisant la température à 180 ºC (350 ºF). On aura aussi avantage à doubler la plaque ou à placer une lèchefrite en dessous pour éviter de brûler les scones.

×

Shortcakes aux fraises

–

1 recette de pâte à scones
aux framboises, sans
les fruits (p. 263)

500 ml (2 tasses) de fraises

3 c. à soupe de sucre
de canne

1 recette de crème fouettée
au gingembre (ci-dessous)

–

Variantes

Remplacer la crème
fouettée au gingembre
par une crème fouettée
aromatisée au citron
(Bagatelle, p. 258).

Pour une version plus
légère, remplacer la
crème fouettée par du
yogourt 8,5 %.

–

APLATIR la pâte avec le poing pour lui donner une épaisseur d'environ 2 cm (¾ po).

TAILLER des petits cercles de pâte crue en utilisant un petit verre comme emporte-pièce. Déposer sur une plaque et congeler 15 min.

PRÉCHAUFFER le four à 200 °C (400 °F).

COUPER les fraises en deux ou trois. Déposer dans un bol, saupoudrer de sucre et touiller légèrement. Laisser macérer 20 min.

CUIRE les shortcakes au four de 12 à 15 min. Sortir du four et laisser refroidir.

OUVRIR les gâteaux à l'horizontale. Garnir de fraises et de crème fouettée au gingembre.

×

Crème fouettée au gingembre

–

500 ml (2 tasses) de crème
35 %, ou le mélange de
250 ml (1 tasse) de crème
35 % et de 250 ml (1 tasse)
de mascarpone

3 c. à soupe de
gingembre confit (sucré)
haché finement

–

FOUETTER la crème au batteur électrique.

INCORPORER en pliant le gingembre confit.

RÉFRIGÉRER 30 min.

×

Pouding chômeur

—

500 ml (2 tasses) de farine non blanchie

2 c. à thé de poudre à pâte

1 pincée de sel

125 ml (½ tasse) de beurre à la température ambiante

250 ml (1 tasse) de sucre de canne

2 œufs

125 ml (½ tasse) de lait

1 boîte (540 ml / 19 oz) de sirop d'érable

500 ml (2 tasses) de crème 35 %

—

Note

Surveillez bien, il n'est pas rare que le pouding déborde dans le four. Placez une plaque à l'étage du dessous pour récupérer les dégâts et ayez une bonne pensée pour moi !

Vous pouvez aussi faire un peu plus de sauce. Réservez-en pour l'ajouter au service.

—

PRÉCHAUFFER le four à 200 °C (400 °F).

MÉLANGER la farine, la poudre à pâte et le sel dans un petit bol.

FOUETTER le beurre et le sucre au batteur électrique dans un grand bol de 3 à 4 min ou jusqu'à ce que la préparation blanchisse. Ajouter les œufs et battre 2 min.

INCORPORER, toujours à l'aide du batteur électrique, les ingrédients secs en alternant avec le lait. Verser dans un grand plat rectangulaire.

PORTER à ébullition le sirop d'érable et la crème dans une grande casserole en surveillant pour éviter tout débordement. Laisser bouillir de 3 à 4 min, puis retirer du feu.

VERSER la préparation de sirop d'érable bouillante sur la pâte. Cuire au four 30 min ou jusqu'à ce qu'un cure-dents inséré au centre de la pâte en ressorte propre.

×

4 à 6 personnes

Pouding au riz

Beurre pour les ramequins

1 l (4 tasses) de lait ou de lait de soya

1 bâton de cannelle

180 ml (¾ tasse) de riz arborio

125 ml (½ tasse) de sucre de canne

2 jaunes d'œuf battus

1 c. à soupe d'eau de rose

1 grenade égrenée ou 250 ml (1 tasse) de petits fruits

BEURRER 4 à 6 petits ramequins.

AMENER le lait à ébullition dans une casserole avec la cannelle et le riz. Brasser, réduire le feu et laisser mijoter 20 min ou jusqu'à ce que le riz ait absorbé tout le liquide et qu'il soit cuit. Retirer le bâton de cannelle.

RETIRER du feu et ajouter le sucre.

BATTRE les jaunes d'œuf dans un bol. Ajouter l'eau de rose et incorporer au riz à l'aide d'une spatule.

VERSER dans les moules. Réfrigérer 6 h, puis démouler et garnir de baies de grenade ou de petits fruits.

×

Biscuits au beurre d'arachide

—

225 g (½ lb) de beurre ramolli

250 ml (1 tasse) de sucre de canne

250 ml (1 tasse) de cassonade

2 œufs

375 ml (1 ½ tasse) de beurre d'arachide naturel

625 ml (2 ½ tasses) de farine non blanchie

1 c. à thé de bicarbonate de soude

125 ml (½ tasse) d'arachides grossièrement hachées (facultatif)

—

PRÉCHAUFFER le four à 160 °C (325 °F).

MÉLANGER au batteur électrique le beurre, le sucre et la cassonade de 3 à 4 min ou jusqu'à ce que le mélange blanchisse et prenne un peu de volume.

AJOUTER les œufs et continuer de battre, puis incorporer le beurre d'arachide, la farine et le bicarbonate. Mélanger jusqu'à ce que l'appareil soit homogène.

FORMER des boules et les aplatir en galettes avant de les déposer sur une plaque recouverte de papier parchemin. Garnir d'arachides hachées, si désiré.

CUIRE de 10 à 12 min au four, selon sa puissance. Bien surveiller pour retirer les biscuits dès qu'ils sont dorés et encore moelleux. Ils vont durcir en refroidissant, mais devraient être encore tendres le lendemain.

×

Biscuits à l'avoine, aux canneberges et au chocolat

272

—

180 ml (¾ tasse) de sucre de canne

180 ml (¾ tasse) de cassonade

225 g (½ lb) de beurre ramolli

2 œufs

250 ml (1 tasse) de farine non blanchie

1 c. à thé de poudre à pâte

1 c. à thé de bicarbonate de soude

1 c. à thé de sel

1 l (4 tasses) de gros flocons d'avoine à l'ancienne

125 ml (½ tasse) de pastilles de chocolat à 70 %

125 ml (½ tasse) de canneberges séchées

—

Variante

Les pacanes se marient très bien à cette recette. Vous pouvez en ajouter 80 ml (⅓ tasse), coupées en deux ou trois, et simplement posées sur les galettes avant de les enfourner.

—

PRÉCHAUFFER le four à 180 °C (350 °F).

RÉUNIR dans un bol le sucre, la cassonade et le beurre. Ajouter les œufs et bien mélanger.

INCORPORER ensuite les ingrédients secs. Ajouter le chocolat et les canneberges tout en mélangeant.

FORMER des boules et les aplatir en galettes avant de les poser sur une plaque recouverte de papier parchemin.

CUIRE de 10 à 12 min au four, selon sa puissance. Bien surveiller pour retirer les biscuits dès qu'ils sont dorés et encore moelleux. Ils vont durcir en refroidissant, mais devraient être encore tendres le lendemain.

×

Deux douzaines de gros biscuits

Biscuits au gingembre

3 c. à soupe de gingembre fraîchement râpé

125 ml (½ tasse) d'huile de canola

2 œufs

250 ml (1 tasse) de sucre de canne

60 ml (¼ tasse) de mélasse

560 ml (2 ¼ tasses) de farine non blanchie

1 c. à thé de cannelle

1 pincée de cayenne

1 pincée de clou de girofle en poudre

1 pincée de sel de mer

1 c. à thé de bicarbonate de soude

½ c. à thé de poudre à pâte

Note

Vous pouvez étaler la pâte au rouleau et tailler les biscuits à l'emporte-pièce. Ou encore former une bûchette, l'enrober soigneusement de pellicule plastique et la conserver jusqu'à quelques mois au congélateur.

PRÉCHAUFFER le four à 160 °C (325 °F).

METTRE le gingembre et l'huile dans un petit bol. Laisser macérer 10 min et filtrer, si désiré, pour supprimer les petits filaments. Réserver cette huile parfumée.

BATTRE les œufs avec le sucre et la mélasse dans un grand bol. Ajouter l'huile au gingembre et bien mélanger.

INCORPORER les ingrédients secs et mélanger jusqu'à ce que la pâte soit homogène.

FORMER des boules et les aplatir en galettes avant de les déposer sur une plaque recouverte de papier parchemin.

CUIRE au four environ 9 min.

TROVOLONE

- FRIULANO

Pancetta   9/

GENOA

- DINDE 2½/3

- Chèvre ⌐ petite
  Boursin ⌋

- Hummus   GRos

À la base,
il y a toujours…

Les fruits et les légumes

Je les aime en quantité et en variété, et le plus frais possible, bien sûr. Le plaisir, c'est de se laisser guider par ce qui est intéressant au marché, et de faire des découvertes ! Dans la soupe, en particulier, je veille à intégrer chaque légume au bon moment, pour ne pas trop les cuire et pour préserver leur saveur, leur texture, leur couleur et toutes leurs propriétés nutritionnelles.

–

Les légumineuses

Il faut vraiment essayer de les cuire soi-même. Assaisonnées de laurier, de sauge ou de quelques branches de thym et d'une quantité réduite de sel à la fin de la cuisson, elles deviennent beaucoup plus savoureuses et plus digestes. On peut toujours en faire cuire une petite quantité d'avance et la congeler, à titre de dépanneur.

–

Les épices

Pour plus de goût, je privilégie souvent les épices non moulues. Je les laisse entières ou je les broie au dernier moment. Pour maximiser leur saveur, on les torréfie en les chauffant 3 min à sec dans un poêlon avant de les broyer.

–

Le citron et la lime

Bourrés de vitamines, ils dynamisent subtilement une recette. Je ne peux pas m'en passer… Quand j'utilise les zestes, je choisis des agrumes bios. Si vous n'en avez pas, veillez à laver plusieurs fois les agrumes à l'eau (sans savon !).

Coulis d'herbes fraîches

–

250 ml (1 tasse) de basilic
(ou l'un des mélanges
d'herbes ci-contre)

60 ml (¼ tasse)
d'huile d'olive

1 c. à thé de sel de mer

1 c. à thé de sucre de canne

Jus de ½ citron

–

BROYER tous les ingrédients au mélangeur pour obtenir 125 ml (½ tasse) de coulis dont vous pourrez garnir vos soupes, vos sandwichs, vos salades. Vous pourrez aussi l'utiliser pour parfumer une vinaigrette ou une mayonnaise. En y ajoutant des noix hachées et du parmesan râpé, vous obtiendrez un pesto.

×

Les herbes

J'utilise presque toujours des herbes fraîches, elles ajoutent couleur et saveur aux soupes, sandwichs et salades. Bien souvent, il vaut mieux remplacer le basilic par du persil plat ou de l'origan frais que par du basilic séché. Je vous encourage d'ailleurs à essayer différentes herbes pour découvrir leur vrai goût et celles que vous aimez le plus. Les herbes fraîches sont beaucoup plus douces que les herbes séchées, vous ne risquez donc pas de gâcher votre recette...

Placez-les dans un sac ou un contenant hermétique après avoir détaché le bouquet. Tout dépendant du taux d'humidité dans votre réfrigérateur, on peut prolonger la durée de conservation de certaines herbes comme le persil, la ciboulette ou la coriandre en les enroulant dans un essuie-tout humide avant de les emballer. La sauge, le thym ou le romarin n'ont cependant pas besoin de cette humidité.

Quand il vous reste des herbes, pensez à faire une salade d'herbes et de laitue avec une vinaigrette au citron — elles sont plus riches en vitamines que bien des légumes. Pensez aussi à vous faire des tisanes, c'est bien meilleur qu'avec un sachet. Enfin, je vous suggère de faire des coulis (ci-contre). Versez-les dans des petits sacs à congélation pour en avoir toujours à portée de la main, ils sont très utiles !

–

Mélanges d'herbes

L'idée étant de transformer les herbes qui sont dans le réfrigérateur avant qu'elles ne s'abîment, voici quelques suggestions de mélanges plutôt heureux :

basilic, menthe et coriandre ;

menthe, coriandre et ciboulette ;

estragon et basilic.

Vous pouvez aussi remplacer le jus de citron par du jus de lime, d'orange ou de pamplemousse.

Quelques idées pour utiliser les herbes...

Le basilic : avec la tomate bien sûr, mais plus généralement un peu partout dans les salades, y compris les salades de fruits.

La coriandre : dans tous les plats asiatiques et indiens, mais aussi avec le taboulé et l'agneau. Elle est très intéressante à marier avec d'autres herbes (surtout quand il en reste parce que le bouquet est trop gros).

Le persil : on l'oublie trop souvent, son parfum est discret, mais il ajoute beaucoup de fraîcheur. Remettez-le à la mode dans les plats italiens, avec les haricots, les viandes (bœuf, jambon) ou les crevettes.

Les feuilles de céleri : surtout, ne les jetez pas ! Elles parfument les potages et sont indispensables dans la soupe aux pois. Leur fraîcheur est bienvenue avec des œufs, du poulet, du thon ou des viandes.

La ciboulette : son petit goût d'oignon se marie avec tout, sauf avec les desserts.

La menthe : elle s'agence à toutes sortes de plats — de l'Inde à l'Angleterre en passant par le Maghreb. Elle va aussi très bien avec le fromage de chèvre et peut parfumer une quantité de desserts.

L'aneth : avec de la crème ou un fromage frais, pour accompagner le poisson, les fruits de mer et les œufs. On peut s'en servir aussi avec le céleri-rave, la betterave, le concombre, le chou et même le maïs.

L'estragon : avec les volailles, les haricots verts, le brocoli, la betterave, le fenouil (surtout dans une salade de fenouil à l'orange), les fruits de mer et même un fruit comme la pêche.

Le thym, le romarin, la sauge et la lavande : avec toutes les viandes rouges, les courges et les légumes-racines. En les infusant dans du miel, on obtient un coulis à déposer sur un fromage ou des fruits.

L'origan : dans tous les plats qui évoquent l'Italie ou la Méditerranée.

La verveine (une herbe plus rare, mais que j'adore) : avec du fenouil et des carottes, avec des fruits et dans toutes sortes de desserts, et bien sûr pour s'endormir...

×

Merci à Dominique Lafond, j'ai su dès le début que ce serait un plaisir de travailler ensemble. À Anne-Saskia Barthe, qui y a mis tout son cœur et sa jolie famille en otage. À Louise Loiselle, pour sa grande confiance. À Annie Lachapelle, de l'atelier Chinotto, pour tant de goût et de finesse. À Martin Balthazar, pour les bons conseils, et à Lison Lescarbeau, pour les bons mots.

Merci à Sylvain Lafleur, un esprit libre, qui a mis beaucoup de grains de sel dans ce livre et dans Soupesoup. Merci à l'équipe de cuisine : Brigitte Lastrade, Robert Barboza, Carmelle Bonetto, Jean-Manuel Costela, France Quirion, et à mon comptable préféré, Stéphane Lessard.

Merci à Elias Malouf, qui m'a toujours soutenue au fil du temps. À Joseph Hillel, qui a eu cette idée d'un restaurant de soupes. Merci à Marie Blouin, Sonia Vigneault, Michelle Blouin, Denis Blouin et Annie Dumas, pour y avoir cru. À mon épicière au grand cœur, Julia Soares.

Merci à Henri Cleinge, qui a mis son génie en harmonie avec Soupesoup. À Nicolas Bonetto, ébéniste, artisan de superbes tables. À Jimmy Deschênes, artiste aux multiples talents. À Bernard Lanteigne, découvreur de beaux objets. À Éric Barbeau, qui a conçu le décor du Soupesoup sur Duluth. À Eva Van Den Bulcke, qui a créé le logo de Soupesoup.

Merci à mes partenaires d'affaires : Roger Frappier, Caroline Desgagné, Julie Bernard, Rochelle Sarre, Elias Malouf, Neulis Perez et Jean Fugère.

Merci à l'équipe de Zone3 : Brigitte Lemonde, Michel Bissonnette, Vincent Leduc, André Larin et Luc Rousseau. Merci à France Castel, généreuse et viveuse, et au doux

Michel Barrette. À l'adorable et délicieux Marc Maula. À Lisa Birri, pour tant de gentillesse. À Lucie Denis et à Blaise Renaud, pour leur belle confiance. À Patrice Roy, pour m'avoir consacré toute une émission — c'était comme gagner un prix !

Un infini merci à Rachel Bernard, ma grand-mère qui m'a légué sa fameuse recette de pouding chômeur. Celui-là même que Martin Picard a goûté chez Soupesoup et mis à la carte de son restaurant… au grand bonheur de tous !

Merci à ma mère, Thérèse Rodrigue, et à sa grande famille qui a nourri mon enfance. Mon oncle Gérald Duval, qui, sans le savoir, m'a mise au défi de faire de la soupe aussi bonne que la sienne ! Mes 80 cousins et cousines, que je n'ai pas eu le temps de voir depuis trop longtemps, mais qui remplissent mes souvenirs de rires, de fêtes et de réveillons !

À Roger, mon compagnon, qui me prend comme je suis. À mes deux merveilleuses filles, de m'avoir choisie comme mère : voici votre premier livre de recettes !

×

Alicia / Carine / Benoît / Bob / Carla / Dorothée / Emma / Francesco / Gilberto / Gino / Janie / Kim / Leah / Marie-Justine / Marie-Mai / Nadja / Naomie / Norma / Numa / Sunny / Sylvain / Virginie / Yatik / Yohan / Barbara Adly / Johanne Ahelo / Alexis Ahelo-White / Malin Anagrius / Claudette Anglade / John Ashmore / Christian Aubry / Juliette Aubry / Pascal Auclair / Dominique Babin / Karim Babin / Martin Balthazar / Éric Barbeau / Robert Barboza / Marie Barguirdjian / Audrey Baril / Guillaume Barre / Michel Barrette / Anne-Saskia Barthe / Gloria Basso / Charles Beauchemin / Robert Beauchemin / Camille Béland-Goyette / Éric Bélanger / Phillippe Bélanger / Sonia Belgaid / Sylvie Bercowicz / Philémon Bergeron-Langlois / Julie Bernard / Rachel Bernard / Éric Bernier / François Berthiaume / Janette Bertrand / Guylaine Bérubé / Alain Besré / Bruno Birri / Lisa Birri / Nino Birri / Michel Bissonnette / Marc-André Blanchard / Léonie Blanchet / Denis Blouin / Marie Blouin / Michelle Blouin / Dominique Bodkin / Antoine Bonetto / Carmelle Bonetto / Nicolas Bonetto / Brigitte Bouchard / Simon Bouffard / Benoît Brière / Dean Brisson / Michel Brisson / Sandrina Bucci / Anne-Marie Cadieux / Geneviève Cadieux / Sarah Canta / Léa-Marie Cantin / Pierre-Jacob Carillo / Laurence Carmant / Camille Caron-Belzile / Ian Cart / Jérémie Casabon / France Castel / Marilyn Castonguay / Laurent Chabot / Manon Chaput / Florence Charest / Robert Charpentier / François Chénier / Marylène Chrétien / Éric Cinq-Mars / Henri Cleinge / Frédéric Cloutier / Antoine Cloutier-Fugère / Geneviève Cocke / Lou Cogne / Henri Cohen / Lucille Colas / Ellen Corin / Claude Cormier / Jean-François Cormier / Jean-Manuel Costela / Marc-Antoine Coulombe / Antonello Cozzolino / Alain Cusson / Nicolle Dallaire / Cristiano Da Silva / Jacques Davidts / Alexandre de Barcelona / Richard Deguire / François Delisle / Claude Demers / Michel Demers / Lucie Denis / Marie-Michelle Deschamps / Jimmy Deschênes / Serge Deschênes / Caroline Desgagné / Lhasa de Sela / Claude Despins / Ève Déziel / Brigitte Dion / Pietro di Monaco / Josée di Stasio / Constantina Doanis / Marie Dory / Sophie Doval / Richard Doyon / Laurence Dubois / Chantal Dufresne / Annie Dumas / Clara Florence Dumas / Jean-François Dumas / Maurice Dumas / Maxime Dumas / Odette Dumas / Alexia Dumas-Malouf / Francine Duquette / Gérald Duval / Jessica Echenberd / Isabelle Émond / Hinda Essadiqi / Jean-Jacques Fauchois / Marie-Odile Fauchois / Odette Fauchois / Véronique Fauchois / François Fauteux / Jean-Pierre Fauteux / Pascale Ferland / Rafael Fernandez / Thomas Fersen / Iso Fiddes / Jean Fillion / Aube Foglia / Manuel Foglia / Ashley Ford / Dominique Fortier / Jean Fortin / Renée Frappier / Roger Frappier / Vincent Frappier / Jean Fugère / Michel Gaudette / Claire Geoffrion / Zoé Geoffrion-Sanders / Chloé Germain-Fredette / Bertrand Giguère / Huguette Gilbert / Olivia Gionet-Bouchard / Claude Girard / Claude-Antoine Girard / Sofie Girouard / Laure Goudeault / Olivier Gourde / Hedi Graja / Lucie Grandet / Rachel Graton / Nathalie Grégoire / Catherine Grégoire-Couillard / Brigitte Haentjens / Patrick Hamilton / Christine Harvey / Geneviève Hébert / Joseph Hillel / Binky Holleran / Sheena Hoszko / Éric Houle / Ian Hovelaque / Clode Jalette / Daniel Janson / Jana Jevtonic / Mauve-Lune Jolly / Nicole Labbé / Catherine Lachance / Annie Lachapelle / Sylvia Landa / Sylvain Lafleur / Dominique Lafond / Line Lafontaine / Nicolas Landry / Bernard Lanteigne / Steve Lapierre / Jacqueline Laporte / Robin Laporte / Normand Laprise / Stéphanie Larichelière / André Larin / Ninon Laroche / Patrick Larrivée / Alexis Lastrade / Brigitte Lastrade / Louise Latraverse / Johanne Latreille / Rosalie Lavoie / François Lebel / Mathilde Leblanc / Sophie Leblond / Vincent Leduc / Jean-Philippe Lefebvre / Julien Lelièvre / Brigitte Lemonde / France Léonard / Lison Lescarbeau / Stéphane Lessard / Jade Lévesque-Rivard / Macha Limonchik / Julien Livernois / Louise Loiselle / Perrine Lotiron / Florence Loyer / Dany Madani / Laure Mallet / Fanny Mallette / Frank Mally / Elias Malouf / Frédéric Mamarbachi / Brigitte Marchand / Nino Marcone / Alexis Martin / Stéphanie Martin / Marc Maula / Leslie Mavangui / Gaspard Mazzola / Camille McOuat / Yves Médam / Johanne Ménard / Mario Mercier / François Méthé / Mylène Millie / Reinier Monteagudo-Guiterrez / Sylvia-Laura Morales / Sophie Moreau / Véronique Moreau / Line Nault / Roxanne Néron / Tram Nguyen / Michèle Ouellette / Carol Painchaud / Anna Palmetsofer / Alexis Papadumitriou / Maryse Paré / Pascale Paroissien / Alice Pascual / Fernando Peireira / Véronica Pelivaric / Angie Pelletier / Andréa Peplow / Neulis Perez-Puebla / Nathalie Perron / Laurence Petterson / Jocelyn Picard / Martin Picard / Stélio Pombero / Mylène Pratt / Alexis Pratte / Julien Pratte / Olivier Pratte / Christian Pronovost / Sébastien Puel / Stéphane Quintal / France Quirion / Julie Racine / Linda Ramsey / Lucas Rebick / Marianne Rehder / Rebecca Rehder / Blaise Renaud / Line Richer / Jean-Claude Rivard / Thérèse Rodrigue / Francis Rollin / Damien Rougier / Anne-Louise Rouleau / Bernard Rouleau / Johanne Rouleau / Martin Rouleau / Luc Rousseau / Pascale Roussin / Linda Roy / Nathalie Roy / Patrice Roy / Martine Royer / Maral Saghaie / Olivier Saint-Pierre / Pierre Sangra / Olga Saraguro / Rochelle Sarre / Catherine Sauvé / Luc Sergerie / Reema Singh / Jean-François Smith / Julia Soares / Geneviève Soly / Sarah Spring / Andréa Sproule / Gabrielle Steiger / Hadas Steiner / Martin Talbot / Dominic Tambuzzo / Jean-Philippe Tastet / Chantal Therrien / Pierre Therrien / Josée Thibault / Emmanuelle Tizon / Christian Tomov / Jimmy Tousignant / Hieu Tran / Thomas-Fionn Tran / Nancy Tremblay / Hélène Tremblay / Yannick Truesdale / Anne-Marie Trussart / Carl Valiquette / Geneviève Vallières / Eva Van Den Bulcke / Sonia Vigneault / Justine Villemaire / Karim Waked / Marilou Wilke / Francis Zerbid / Yvette Zerbid

SOUPES

BROCO - CHEDD

GASPACHO

MINESTRONE DU

SALADES

CUBAINE

+

NIÇOISE